Gino Chiellino

Die Sehnsucht der Seerose nach der Libelle

WortWechsel
Bd. 21

Gino Chiellino

DIE SEHNSUCHT DER SEEROSE NACH DER LIBELLE

Gedichte 1977–2013

THELEM
2017

Herausgegeben von Walter Schmitz
unter Mitarbeit von Tim Preuß

Die vorliegende Publikation wurde im Rahmen der Tätigkeit des Herausgebers als Professor für Neuere deutsche Literatur und Kulturgeschichte der Technischen Universität Dresden erstellt und von der Technischen Universität Dresden finanziell unterstützt.

Bibliografische Information der Deutschen Nationalbibliothek
Die Deutsche Nationalbibliothek verzeichnet diese Publikation in der Deutschen Nationalbibliografie; detaillierte bibliografische Daten sind im Internet über http://dnb.d-nb.de abrufbar.

Bibliographic information published by the Deutsche Nationalbibliothek
The Deutsche Nationalbibliothek lists this publication in the Deutsche Nationalbibliografie; detailed bibliographic data are available in the Internet at http://dnb.d-nb.de.

ISBN 978-3-945363-92-8

Bergstr. 70 | 01069 Dresden

Satz: Raik Wächter und Viktor Hoffmann
Umschlaggestaltung: Viktor Hoffmann

Made in Germany.

Inhalt

VitaNova 2005–2009

Lauter Ungereimtheiten 2010–2013

Anhang

MEIN FREMDER ALLTAG
1977–1983

Die Anfänge 1977–1979

Es Liebe

Sie hatten sich in einer Kneipe
kennengelernt
er sprach ein singendes Deutsch
sie war freier als er wagte

Beide fanden es toll
später nannten sie es Liebe
taten viel zusammen

Als es zu Ende war
ahnten sie nicht daß
ihre Liebe
ein wenig Exotik gegen
ein bißchen Integration
gewesen war

Bahnhof

I.

In der Anonymität der Bahnhöfe
wo das Warten für uns ein Zuhause ist
sprechen wir mit jedem
wie auf dem Platz eines Dorfes

II.

Ich sitze
mit meiner schwarzen Mütze
auf dem Bahnhof
und lausche der Sprache der Züge

Gastarbeiteridentität

Erde muß sein
die nach Erde riecht

Anders werden
sich treu bleiben

1932 Foto
(Kind mit Frau, in der Stadt)

Das Kind
ins Sonntagskleid gedrückt
folgt mit fragenden Augen dem Fotografen
der in seinem Apparat verschwindet

Aus dem Lächeln der Mutter zum Vater
lassen sich Spuren des Unbehagens
für die Reisekosten und das Foto
nicht wegwischen

Verstummung
für Paul Celan

Meine Sprache
grenzt mich ab
ich habe sie aufgegeben

Mit deiner
verfaulen mir
die Gefühle im Bauch

Raum für ein Leben 1980–1983

In der Nähe

Blond oder schwarz
Mädchen oder Junge
in neun Monaten haben uns
Ferne und Sehnsucht die Freude
an deiner Entscheidung gelehrt
die Geburt wird dich ungeschützt
in unsere Nähe bringen
in der Zärtlichkeit deiner Glieder
lebt der Wunsch nach Liebe
bei dem Schwachen wirkt
der Wille als Provokation

Ein Grund dennoch

Ich schreibe
für Menschen die zum Lesen
keine Zeit haben
denn sonst
würden sie selbst
schreiben

Für dich

Für dich hätten wir sowieso
keine Wohnung
sagt zu mir der Hausbesitzer
vor der leeren Wohnung

Niemandem hilft hier
Trost bei fremden Leiden zu suchen
von ihnen hörte ich mit Furcht
und mit Respekt denke ich an sie

Für dich hätten wir sowieso
keine Wohnung ist die Gegenwart
sie geht uns an!

Gestohlene Arbeit

Freiwillig zur Auswahl kam er
zu euch in den schweren Zeiten
doch willkommen

Gesichtslos packte er den Paß aus
seinen Willen zu arbeiten
und wurde freundlich aufgenommen

In den Koffern wurden
Familienfotos, Träume, Elend vermutet
und er versteckte und vergaß sie
unter dem Bett in den schweren Zeiten

Ein neues Gesicht bekam er
in den schweren Zeiten
wuchsen Wünsche aus ihm heraus
leer waren die Koffer als er Zuhause ankam

Mir gelingt es

Wie einfach von dir zu singen
von dem Weiß deiner Birken
von dem Rot in der Heide
die ich zum ersten Mal bei dir sah
von der Arbeit zu reden wie
befreiend von der Luft deiner Berge
im Dunst der Kneipen zu erzählen
wie süß von dir zu singen
von deinen grünen Augen
von deiner weißen Haut
von dem Rotschimmer in deinem
Schamhaar geil zu flüstern von
den Rechten die uns vorenthalten werden

Sklavensprache

Mit mir willst
du reden
und
ich
soll
deine Sprache
sprechen

Die Farbe Deutsch

Weil die Stimme
ein Gesicht braucht
spreche ich von der Farbe Deutsch
nicht oft aber mit jedem
und verletze die Stille

Ghetto

Ein Ghetto
aus alten Häusern und Baracken
mit Mauer und Stacheldraht
würde nicht ausreichen
nicht einmal aus Paragraphen

Ein Ghetto muß durch den Kopf gehen
es sind offene Wände die uns einmauern

Der nächste Morgen

Wird gewiß keine Antwort
auf unsere Sicherheit bringen

Die Tage werden zu Jahren wachsen
aus dem gemeinsamen Kampf
werden Freunde ausscheiden
bevor aus dem Lachen der Kinder
die Sicherheit zur Antwort wird

Bis dahin Freunde bis dahin laßt uns
die Widersprüche der Helfer aufdecken
den Haß in den Hassern besiegen

Entfremdet

Vom rechten Auge
über den Mund
geht ein Riß
messerscharf
durch meine Gedanken

Im Spiegel
suche ich vergebens
nach ihm
tief in mir

Tief in mir
eine Sehnsucht
ohne Wünsche

Integration – ein Gedanke in sieben Thesen

These Nr. 2 – Zur Lage der Stille

Für Giuseppe Fiorenza, der schrieb: »Die Freizeit unterteile ich in drei Etappen: Ostern, August, Weihnachten, zusammen neun Wochen. Der Rest ist nur Arbeit.«

Als ob wir nie angekommen wären
in diesem Land, in dem wir seit
25 Jahren unsichtbar schweigen
das Leben haben wir in einen Zug
umgewandelt der Sehnsucht verboten
die Schienen zu verlassen

Die Reise hält an sie ist
April, August, Dezember
ein Teil davon ist Leben
auf dem Alltag der Bahnhöfe
wo längst niemand mehr erwünscht ist
unter fremdem Himmel
ist die Schärfe des Denkens gefährdet
mühsam ist es die Ablehnung
mit Gedanken in der Fremde zu bekämpfen

Eine Ankunft war nicht vorgesehen
in dem alten neuen Fahrplan
das Land hat seine Bahnhöfe
verraten: die Reise hält an

SEHNSUCHT NACH SPRACHE
1983–1985

Gespräche

Hautfrei

für José, der sich immer noch
bei Celan heimisch fühlt

Nun liegen wieder
Bilder, zu enthäuten
jenseits der Ankunft.

Auf dem Weg
meine Haut zu entlassen
bleibt die Ankunft in der Fremde
ein Zufall.

Sprachencollage

Ich habe manchmal Heimweh
ich weiß nur nicht wonach
flüstert mir Mascha Kaléko
in einem Frankfurter Café zu.

Wir betrachten die weißen Stühle
die Marmortische und das zarte Rosa
an den Wänden, den Jüngling hinter der Theke.

Raissa Orlowa erzählt
von dem Heimweh ihrer Sprache
und lernt vor verschlossenen
Türen fleißig Deutsch.

In diesem Café und manchmal
habe ich kein Heimweh mehr
doch schaffe ich es nicht
durch offene Türen zu gehen.

Orange zu sehen

Orange zu sehen
schob er den Wagen mit Eimer und Besen
der Frühnebel zeichnete ihn deutlich ab
unter der Last seines Schnurrbartes
schien er fröhlich zu sein.

Mit welchen Bildern zu dir sprechen

Mit welchen Bildern zu dir sprechen
mit welchen Pausen dir von den Rissen und Flecken
an der Straßenmauer erzählen
Tochter einer anderen Sprache
Tochter einer anderen Zeit.

Wenn Jahr um Jahr sie größer
und dunkler dir erscheinen
habe keinen Zweifel
sie sind weder Schmutz noch Armut
sie bilden sich zu einer Geschichte
ich erkenne in ihnen jeden Schritt der Zeit.

Den Helden wirst du ein Gesicht geben

Ortsbestimmung

Meine Fremde

Meine Fremde ist ein Ort
sie liegt Nord, Nord-West von mir
sie heißt Deutschland.

Meine Fremde ist eine Zeit
sie geht durch mich hindurch
und wird zu Geschichte dort,
wo Erzählungen aus dem Leben
von Webern und Teppichknüpfern
sich zu Arabesken schlingen,
wo selbst die Schatten zu Farben werden,
dort ist meine Fremde.

Für Altun

Wird der Stein eines Tages uns gehören?
Und wie groß mag der Stein gewesen sein?
Sanft erfüllte er deinen falschen Wunsch
gegen den Willen der Mörder
nahm dein Leben in sich auf.

Wird der Stein eines Tages uns gehören?
Und wie lang soll er unbedacht, anonym
in einem Polizeihof betreten werden,
bevor die Wurzeln karger Blumen
ihn in fruchtbare Erde verwandeln?

Das wohltemperierte Haus
für G. L.

Wenn das Land dem Wind gehört
setze Eukalypten um dein Haus herum.
Sie brechen den Wind, nehmen die ersten Boten des Frühlings auf, spenden Schatten, wenn
die Sonne den Löwen zu Gast hat, und Farbstreifen, wenn die Vögel hoch über das Meer südwärts fliegen.

Vergiß nicht für kühle Räume zu sorgen,
wenn das Land der Sonne gehört.
Kalkweiß die Steinmauern, frische Dunkelheit innen, spärlich die Möbelstücke an den Wänden
mit buntem Sockel.
Von der Decke hängend sammelt der Klebstreifen
die Fliegen ein.

In der Fremde soll das Haus atmen können,
der Boden aus Stein, aus Ziegel das Mauerwerk.
Gehe sparsam mit Farben um, sie sättigen das Auge, beschweren die Atemwege.
Verkleistere die Wände nicht mit modischen Tapeten, mache dir aus ihnen keine Nische
für ungeborene Gedanken.

Das Haus steht in der Fremde:
es darf abgetragen werden.

In dem Land meiner Kinder

In dem Land meiner Kinder
werde ich keine Wurzeln schlagen.

Ich gehöre der Fremde
sie ist aus Gedanken.

Die hängengebliebene Erde
schützt meine Luftwurzeln
vorm Verdorren und warum nicht
sich in den Wurzeln der Kinder verfangen?

Sehnsucht nach Sprache

I.
a terra c'è

a terra c'è
ma nu nna vuunu dare
                una riforma per il sud
                ai morti bare di assi
eine Fahrkarte für alle.

II.
I briganti

I briganti
trasianu e nesciianu
do paise e notte eranu
i patroni e nue ce jocavamu
    Garibaldi l'ho conosciuto
    quando ferito all'Aspromonte
    era andato a dormire a Soveria
    passando da eroe tra i banchi
    di tutte le scuole d'Italia
erst in der Fremde
begegne ich meiner Geschichte
senza briganti né santi
täglich auf der Straße
auf fremden Gesichtern getragen.

III.
Culle vacche allu mariu

Culle vacche allu mariu
ntra jamara
nu cursune niuru
duve a spina
iu mienzu a sinagli e jinostre
alla rasa da jumara
        la casa dello studente
        365 camere 4 x 3
        a Roma in via C. de Lollis
        e l'Università sempre
        dall'altra parte
ich tauchte Gedanken in Farben
entwarf Landschaften
ab und zu mit Menschen
immer wieder mit vie e jumare.

IV.
e paroe

e paroe
eranu de nostre
e cu ille a vita
                poi la lingua
                si fece diversa
                e la vita era
                quella degli altri
zu einer Fremdsprache
wurde das Leben
in der Fremde gehört es
uns wieder.

V.
sinagli ticini e jinostre

sinagli ticini e jinostre
carduni hiuci e ruvette
purrazzi junci e stroppe

rose azalee e siepi
glicini oleandri e giardini
platani lecci e parchi

Hopfen Raps und Felder
Segge Hahnenfuß und Wiesen
Birken Kiefern und Wälder.

VI.
Quandu ni se scusianu e scarpe

Quandu ne se scusianu e scarpe
papà ce mintia na simiggia
e li capilli ne facia puru illu
quel vestito nero
di lana calda conservato
nell' armadio di pino
è opera di un sarto
di S. Lorenzo pagato
a tremila lire al mese
der Glaube hat sich verloren
ich schäme mich eurer Sprache
nicht mehr.

VII.
uan tu tri for faif

uan tu tri for faif
six seven eit nain
ten eleven tuelf
        doppu tri anni e Merica
        nannu s'era ricuutu
        cu dudici numeri
in tre anni di guerra
per non essere ucciso di notte
aveva imparato a fumare il toscano
con la bracia in bocca
        dem Vierjährigen hatte er
        das Geheimnis der zwölf Zahlen
        vermacht, jenes des Rauchens nicht
        bei Regen und Schnee rauchte er
        vor dem Haus, um eine klare Trennung
        zwischen Tugend und Laster zu ziehen
morì ad 84 anni
mit 21 zog der Vierjährige aus
um das Geheimnis der zwölf Zahlen
zu brechen.

VIII.
alla stima de robbe

alla stima de robbe
stendie jenzui e jinu
cu juri ricamati e
quasi sidici anni
        in comune col padre
        in chiesa sposata per
        procura tra sorrisi
        finiti a metà e poi
auf ein Schiff in ein fremdes Land
        in eine fremde Sprache
        zu einem fremden Mann
bei der Ankunft
Bettücher aus Leinen
für deine sechzehn Jahre
und in dir der Gedanke
dem Leben zu gehören.

Berufe der Demokratie

I.
Der Stadtmacher

Der Stadtmacher
bewohnt eine Haltestelle
und führt Gespräche
offen bis listig seine Haltung
geduldig immer
für Versprengte Schiffbrüchige
und Gestrandete hält er
schwäbisch sprechend
die Stadt offen denn die Stadt
wird gemacht täglich.

II.
Der Gottfänger

Ein junger Pastor
geht über den Graben
auf einem Balken
zwischen Stacheldraht und Zorn
zwingt er Gott den Tag als seinen zu erklären.

III.
Der Wortbeschützer

Das Schreiben ist ihm
ein Laster und kein Beruf
er kauft sich mit gemeiner Arbeit
die Freiheit des Liebhabers
und genießt sein Laster.

IV.
Der Aufzugfahrer

Mit Geduld hat er sich die Sprache
der Mauern beigebracht -
sie ist stumm und voller Erwartungen.

In der Enge der Fahrt ist seine Sprache
unauffällig wie seine Gegenwart.

Mit der Zeit wird seine Stimme Teil der Fahrt
und seine Sprache kein Zufall mehr.

Notate

Ein Gedicht geht auf

Ein Gedicht geht auf
Aus den Zeilen zwischen den Pausen
aus den Fugen zwischen den Versen
aus den Pausen zwischen den Worten
aus den Rissen durch die Worte
                ich lehne mich zurück
geduldig ist das Warten

Das Gedicht wird mir
                den Wunsch nach dir nicht erfüllen
es ist nur ein Gedicht und spielt
und vergißt, daß es spielt
und gibt der Liebe die Sehnsucht zurück
und meine Form wird zur Hülse

Das Gedicht wird mir
                keine Kraft bringen
es ist nur ein Gedicht und spielt
und gibt dem Tag den Traum zurück
und verwischt meine Bilder

Das Gedicht wird mir
                keine neue Welt schaffen
es ist nur ein Gedicht und spielt
und vergißt, daß es spielt
und gibt den Dingen das Wort zurück
und stumm wird der Dichter

Fragen darfst du nicht
es erschrickt so leicht
und zieht sich zurück
                leise schalte ich die Schreibmaschine aus.

Ohne Vater

Ohne Vater und Vaterland
waren meine Jahre, Tochter,
und die Stimmen ohne Macht.

In meinen Tagen hingen keine Bilder,
ich konnte jede Tür hinter mir schließen.

Die Uhr gehorchte meiner Stunde
der Horizont meinen Schritten, und
wen scherte die Ferne?

Verspätete Einsichten passen nicht
zur trockenen Weisheit meines Schnurrbarts,
ohne Vater und Vaterland sei deine Zeit, Tochter.

Narziß

Über mich nachdenkend
        dachte ich
in Gino Veritas.

SICH DIE FREMDE NEHMEN
1986–1990

Besuch trifft ein

I.
Das Gespräch hat einen Anfang

Im Jahre 20 meiner Fremde
erhält das Leben die Stimme

Besuch trifft ein

Die Sprache wird in die Mitte gestellt
das Gespräch hat einen Anfang

II.
Der Fremde hinter der Türschwelle

Er nimmt sich meiner im Auftrag an
sanft und seit zwanzig Jahren
der Fremde hinter der Türschwelle

Für mich erledigt er alles in der Stadt
er geht auf Reisen und zur Arbeit
er trägt meine Gedichte vor und er hört darüber zu

Wenn er mich zurück hinter der Schwelle weiß
verläßt der Fremde um die Ecke das verabredete Lächeln

III.
Augsbürgerung, April 1989

In der Zeit meiner Fremde
zogen die Erwartung, die Arbeit und ich
durch viele Städte

Kein Staub setzte sich
auf unsere schattenlosen Schritte nieder

In der Mittagssonne der vorletzten
wurden wir niedergetreten

Als die Stadt davon erfuhr
eilten viele herbei um die Täter zu retten

IV.
Im Jahre 20 meiner Fremde

Im Jahre 20 meiner Fremde
treffe ich in dem Land meiner Kinder ein

Was bis jetzt nicht zu denken war
hält Einzug und die Zuschauer sind die Mehrheit

Ohne fortzugehen bin ich heimgekommen
nach zwanzig Jahren in ein Land das geben wird

V.
Vor dem Einwurf

In den 20 Jahren meiner Fremde
trank ich Wasser aus dem Elbrus
und am Fuji-Berg

Doch in Mashiko
entfernte die Töpferin einen Tonsplitter
aus der grauen Schale
mit leichtem Handgriff und mir vertraut
wie die Hand der Weberin Rosa
beim Glätten der Kettfäden vor dem Einwurf
des Schiffchens

Sich die Fremde nehmen

Sich die Fremde nehmen

für Rose Ausländer

Es ist an der Zeit
sich die Fremde zu nehmen

Nimm
den Apfel an
und
verteile
das Wort

Chrysanthemen

Gegen meine Fremde hat die Nachbarin
den Hof mit Chrysanthemen verändert

Das unsagbare Gelb der Sterne
der Einbildung
man könne dem anderen den Weg weisen

Zwischen Rapsfeldern und der Kindheit
sich die Fremde nehmen weil der gelbe Wucher
keine Blume des Todes ist

Sie denkt mich

Ich schreibe kein Deutsch
meine Sprache gehorcht euch nicht
sie denkt mich nach vorne

Ohne Kindheit fällt es ihr leicht
mich näher zu bringen
und dort sich die Fremde nehmen

Die Begleiterin der Stimme

In der Fremde wird die Angst
zur Begleiterin der Stimme
warmherzig meistert sie die Nächte
ihr zuhören sich die Fremde nehmen

Schmelztiegel

Mit dem Ruf der Kraniche
sind keine Nischen zu hauen in die Luft

Das Wasser holt stets den Vorsprung
der Salme ein und verwischt ihre Sprache

Die Wühler dürfen sich behaupten in der Erde
vorausgesetzt sie verlassen die Labyrinthe nicht

Mit ihnen sind wir vertraut und das Feuer
verschont kein Lebewesen
sich die Fremde nehmen und nicht
sich einschmelzen lassen

Sinopia

Eine Sinopia des Lebens ist
aus Wünschen und Farben
in rauhen und in milden Jahren
aus Wille und Zeichen
auf Sand- und Steinboden
über das ganze Land
aus uns entstanden

Einige nahmen sich das Leben
keiner trat allein auf um
sich die Fremde zu nehmen

Das Bild liegt noch vor uns
die Entscheidung ist nicht mehr

Rosa die Weberin

Sich die Fremde nehmen weil Rosa die Weberin
mit sieben Jahren und mit vierzig noch
in einem Lagerraum mit dem Rücken zum Licht
keinen Zweifel an der Harmonie ihrer
Entscheidungen am Webstuhl aufkommen ließ

Als das Schiff mit dem Bräutigam
nach Argentinien aufbrach
brach sie ihr Schweigen nicht
aus der Stille ihrer Schmerzen
wuchsen die Leichentücher für meine Fremde

Die Geschichte hat keine Vergangenheit

I.

Die Geschichte hat keine
                    Vergangenheit
unendlich ist die Einsamkeit
der nackten Schultern

II.

Es gibt keine Geschichte ohne Schmerz
wird der Schmerz verletzt
löst sich die Geschichte auf

III.

Denken ist
erzählen vom Großen Wagen
jenseits der Sackgasse
                                        sei zuversichtlich
                                        am ionischen Ufer
                                        lacht weiter das Wasser
                                        bei Landwind und
                                        ohne dich

IV.

... ist die Form
gesprengt
weil der Bauch nach Arbeit
verlangt
vertraut der Freund
auf den letzten Gruß
se non ti vedo più
felice morte

Tat der Unschuld

Daß ich Hoffnung bei den Freunden
und kein Wort zurückließ
sei mir als Tat der Unschuld vergeben
immer wenn zwischen Hals und Zunge
die Stimme keinen Ausweg findet
und die Augen feucht werden
weil der Sheriff in *High Noon*
mit dem Leben davonkommt

Mit einem Satz nach vorne

Die Kälte nicht
der Mensch war mir eine Verletzung
in diesem Land der Schatten vor der Sonne
er war und nicht immer

Flüsse im Herbst halten sich zurück
erbitten und bieten Vertrauen
mit einem Satz nach vorne aus der Höhle
öffnet sich durch die Fremde die Sprache

Die Nacht der Republik

I.

Wenn das Schweigen
gegen uns sich weiß färbt
me spagnu
ja ich deutsche mich sehr

II.

Halbmast halbherzig
mit dem Fuß über der Schwelle
der Schwanz in den Bergen
die Schnauze im Maulkorb der Buchstaben
grassieren die Wachhunde
der deutschen Aufklärung und
sie geben nicht einmal
einen anständigen Ausländerfeind ab

III.

In der Nacht der Republik
wurde sogar Gott tätig

Im Zorn vernichtete er den Turm
gnädig stiftete er
Verwirrung unter den Menschen

IV.
Kosmosgonie

Der geteilte Himmel
wird zu schwangerem Abend
gegen die Nacht der Republik

V.
Inventur am 31. 12. 1989

Dies ist nicht deine Mütze
dies ist nicht dein Mantel
und für dich kein Rasierzeug

In deinem Beutel aus Leinen
werden Lebensläufe geritzt
und mit Gift übergossen

Der kostbare Stift trägt
eine zweifelsfreie Inschrift
und verrät die Absicht

Vorläufige Kurzschlüsse

I.

Der Tag ist da
voll mit Leben
nicht mehr nicht minder
werde ich das Warten verlernen?

II.

Versperre die Tür
die Stadt ist da
sie könnte sich
an deinem Namen
vergreifen

III.

Das Papier im Kopf hat alle und keine Farbe
mit hundert und keiner Stimme
webe ich Linien in den Tag hinein

LANDSCHAFT AUS MENSCHEN UND TAGEN 1992–2009

Canti per M / Lieder für einen Buchstaben 1992–1998

Landschaft und Gedächtnis

Diese Landschaft der aufgehenden Hügel
trägt in sich kein Bild meiner Nächte.
In ihr kein Gedächtnis der verlebten Tage.
Sie läßt sanft den Blick ruhen
und befragt ihn nicht nach dem Weg.
Einzig durch die Stimme der Geliebten
weiß ich mich hier.

Abschied

Ich verlasse deinen Körper
für die Sprache einer Geliebten.
Deiner Stimme abgewandt,
mit dem Rot eines tauben Morgengrauens,
an schlafenden Hügeln entlang,
falle ich ins Leben zurück.

Beim Aufwachen

In der Märzsonne findet sich kein Halt,
mit grünen Winden bringt sie
die Wahrheiten des Winters zum Einsturz.

Beim Aufwachen begleitet mich
das Klirren nächtlicher Bilder,
und zwischen den Birken wächst das Rot.

Gegen die einbrechende Unruhe vor fremden Tagen
verschmilzt in mir das Rot aus den Birken
mit der Stille deiner Augen.

Wir

In der Nacht
und fern von der Singold
führt uns ein Lied zum Ziel.

Durch uns verführt,
betreten wir Landschaften,
die uns unbekannt und eigen sind.

Bei der Waschstelle

Unbeteiligt fließt das Wasser
zwischen den Steinen der Waschstelle
im Schatten der zitternden Pappel.

An der Neigung der Steine zum Wasser
hat das Wüten der Tramontana
in der Flußbiegung nichts geändert.

Seit dem Tod der letzten Wäscherin
nach dem Aufbruch des Geliebten
setzen die Steine ihr Leben fort
und widersprechen dem Lauf der Zeit.

Ischtar

I.

Bei der Gabelung der windigen Flüsse
verläßt Ischtar den Weg
ihrer Kinderjahre.

Ohne Schmuck und
Schamtuch steht sie
außer sich und vor dem Leben.

Schilfklänge im Morgengrauen
haben ihre letzte Hemmung umspielt.

Auf granatrotem Sandboden gehend,
schwingt sie um ihr Haupt
den gebrochenen Kreis
gegen den schwarzen Himmel.

II.

Mit dem Schatten zur linken Seite
schritt Ischtar über Berge, Flüsse und Täler,
sie führte ein Leben ohne Quartier.

Von gierigen Augen befallen
zerrann ihr Leben durch
das Lächeln der Liebhaber
der flüchtigen Stunden.

Als Gastgepäck hat sie mir
ihren Namen anvertraut.

An die Geliebte

I.

Nimm mich auf,
wenn die Wellen der Fremde
an diesem Tag unseres Lebens mich abtreiben.

Denn du weißt, daß weder der Tag noch das Leben
mich abtreibt.

Nimm mich in deiner Bucht auf
vor den Wellen der Fremde
an diesem Tag unseres Lebens.

II.

In den langen Strahlen
der Herbstsonne
bieten Steine am Straßenrand
keine Gewißheit mehr.

Im Kern meiner Zweifel kündigt sich
die stille Wärme deiner Haut an.

III.

Noch ein Ring und sei gewarnt!
Er bindet dich enger an deine Schönheit.
Als Bruch soll er deine Hände schmücken
und doch deine Schönheit für mich gewinnen.

Im Juni

Es wird Juni in meinen Gedanken,
die Schwalbe fliegt kräftig und tief,
das Gerstenfeld nimmt sie unversöhnt auf.
Berauscht vom Surren der Pappel
stehe ich am Rande meiner Gedanken.
Sie sind mir willkommen im Juni
mit der Empörung des blauen Himmels.

Versuchung

Die Städte meiner Jugend
kehren mit dem Frühlicht zurück:
sie belagern meine Gedanken
und zerstören mir die Stimme.

Fehlerhaft das Lied.
Fehlerhaft der Kuß.

Verführerisch ihr Angebot,
mich aufzugeben.

Birken und Palmen

Nichts und Regen ist das Leben
im Land der sanften Birken,
die mich durch den Winter führen.

Am Ufer meiner Erinnerung,
wo die Palme sich im Wasser wiegt,
endete das Meer in der Julisonne.

Im Schatten der Palmen,
von den Birken geschützt, setzt
sich in mir erneut der Wunsch durch,
dich zu erreichen.

Bei den Honiglilien

Die brennende Mauer um den Leuchtturm
gibt die Einsamkeit der Sonne wieder
an diesem Augusttag am ionischen Ufer.

Mit harziger Stimme ruft der Abend
Möwen und Fischer zurück.

Salzige Stille schärft die Sinne.

Schiffe durchschneiden die Nacht,
gegen Orient flammt das weite Blau über der Bucht auf,
satt und hungrig verweilen wir bei den Honiglilien.

Die Sehnsucht der Seerose

Ich weiß mich Teil
deines Körpers am Ufer
dieses Teiches, der unser Leben ist.

Arschgesichter stürmen den Teich
und machen den Gänsen
das Schnattern streitig.

Wir verweilen bei den Wasserlilien
und führen Gespräche über die Sehnsucht
der Seerose nach der Libelle.

Cinia

I.

Cinia bewohnt nicht mehr
den Pinienhain in der Bucht.

Mit harziger Stimme rufen Zikaden
Viper und Möwen ins Gestrüpp zurück.

In der Mittagssonne
wird das Meer zu einer Linie,
zwischen Grün und Blau
zerfließt die Erinnerung an Cinia.

Cinia mit dem weichen Gang aus Wind und Sand.

II.

Cinia ließ Hunde und Schakale
ihren Leib verschlingen,
zerbrach ihnen den Rücken,
verjagte sie und sang.

Gegen den Reiz der Hunde
und der Schakale sang sie,
bis die Nacht die Birke freigab.

Und Cinia kam zurück an das ionische Ufer
mit den Farben eines betrogenen Traums.

Oktober

Die Wolken ziehen an der Sonne vorbei,
die Kälte bleibt aus.
Oktober will nicht vergehen.

Ich trete aus meinen Gedanken heraus,
überquere den Fluß,
spiele mit meinem Schatten in deinem Garten.

Du machst die Tür auf,
leise sprichst du zu mir,
ich fasse Mut und trete ein.

Cracovia, 1984

Mein Cracovia, nicht älter als ein Sommer,
reich an Kirchen,
dort ist das Leben jung und rar.

Im Morgengrauen flammt die Stadt auf,
bis zum Gold der Dächer herrscht
das erdige Rot von tausend Meistern.

An der Stadtmauer wird der Schnee abgewehrt,
klirrende Sonne über der Stadt,
vorbei ist der Sturm, Sprachen höre ich
die Stadt überschwemmen.

Mit Rollen aus Buchstaben hetzen Mahner
durch die Wechselstuben der Begierde,
sie verkaufen ihre Seele in Krakows schwarzen Gewölben.

Versteinerte Fratzen zieren
den Himmel über den Tuchhallen.
Im Abendlicht zerfließt das Gelb
und mit ihm die Mühe eines weiteren Tages.

La morte, der Tod

Du warst mir Schwester
in einer Kindheit ohne Freude und Schmerz.

Zischendsüß war dein Geruch.
Dein Baum war die Zypresse.
Aus ihm schnitten Kinder dein Gesicht heraus.
Chrysanthemen schmückten den Abschied.

Ein Bruder ist aus dir geworden.
Weder Geruch noch Farben kündigen dich an:
die Nacht wird uns zusammenführen.

Und wenn die Stunde kommt, gehen wir,
Bruder und Schwester.

VitaNova 2005–2009

Gespräche

Unerwartet wie bei meiner Ankunft
werde ich eines Tages wieder fort sein.

Die Steine, die Gräser und die Bäume
werden mich nicht vermissen.

Ich hinterlasse einen Birnbaum,
der mit dem Weinstock Gespräche führt.

Gespräche über einen Bauernsohn aus Calabria,
der sie zusammengeführt hat:
den Birnbaum aus Friedberg
und den Weinstock aus dem Silagebirge.

Gelb

Zwischen Ankommen und Leben
war die Trennung stets gelb und immer greifbar.

Im Lauf der unsicheren Jahre
bekam das Gelbe Risse.
Aus ihnen sprangen hervor
Gesichter, Lächeln und Wörter.

Hinter der trennenden Mauer waren
Kirchenlieder zu hören,
Kerzen stürzten Türme ein,
Autos führten in die Freiheit.

Nun lebe ich ohne Gelb, ohne Trennung,
und die Unruhe treibt mich nicht mehr an.

An einem Morgen im September

Das Land liegt am Meer,
mein Geburtsort war das Blau des Silagebirges.

Das Blau sah mich mit Ziegen, Kühen,
Schafen, Maultieren und Schweinen
heranwachsen, nahm meine Wünsche auf und
ließ keinen Tag von mir abfallen.

An einem Morgen im September
löste sich das Blau meines Lebens
in den Farben eines abfahrenden Zuges auf.

Der Zug war überall pünktlich, ich kam nie an.

Sprachwechsel

Gegen den Strom schwimmen
die Schatten der Schwarzerle
in der Sonne eines Augusttages,
der mich zu leben zwingt.

Die Viper hat ihren Durst gestillt
und zieht sich zurück.

Ich wasche meine Seele im Quellwasser,
auf blanken Felsen lege ich sie zum Trocknen aus,
dann setze ich mich in deine Nähe
und wir erfinden das Wort.

Landschaft aus Menschen und Tagen

Im Jahre 60 meines Lebens
verliert sich meine Fremde in
einer Landschaft aus Menschen und Tagen.

Was ich von mir dachte, gibt es nicht mehr,
Mensch um Mensch,
Tag um Tag,
Schicht um Schicht
habe ich es abgetragen.

Ich bin wie ein Gartentor.
Vor mir die Straße, im Rücken die Pflanzen,
und einmal am Tag drehe ich mich um.

Vermächtnis

Den weißen Hunden meiner Kindheit
hinterlasse ich einen Lebenslauf
mit einer vergewaltigten Kinderseele.

Sie und ich teilten uns täglich
das Gefühl, frei und verlassen zu sein.

Sie bellten ihre Verlassenheit aus sich heraus,
ich rannte an ihnen vorbei um mein Leben.

Die weißen Hunde meiner Kindheit sind längst tot.
Nur ein elfjähriger Junge kommt mir entgegen,
um mir zu zeigen,
wie schnell er laufen würde, wären die Hunde noch da.

Ein Fünfjähriger wartet auf den Sommer
(Foto, 1951)

Es liegt Eis in der Aprilsonne
am Tag meiner Geburt.

Der Fünfjährige trägt eine blaue Plastikmütze
mit dem gebrochenen Schirm aus Pappe,
lange Strümpfe mit scharfen Gummibändern
und kurze Leinenhosen. Er wartet auf den Sommer.

Der Knoten

Bei der Abfahrt aus meiner Kindheit gab es
keine Augen, die mich sahen, und ich
habe kein Bild des Abfahrenden.

Nur der Postbus nahm mich
in seinem Dieselgestank auf.
Mit mir reisten ein Koffer, die Zahl 77,
ein Knoten im Magen.

Der Koffer hat sich verloren,
die Zahl verändert.

Allein der Knoten lebt in mir weiter.
An stillen Tagen wird aus ihm ein Elfjähriger
bei der Abfahrt aus seiner Kindheit.

Besuchertage

An manchen Tagen kamen Stimmen zu Besuch,
Frauengesichter waren durch die Glastür zu erkennen.

An diesen Tagen blieb ich mit den Fliegen
im Lesesaal zurück und las Wörterbücher.

Im Speisesaal roch es an diesen Tagen
nach Thymian und Honig,
es schmeckte nach Pferdefleisch und Orangen,
am Tisch wurde laut erzählt.

An diesen Tagen hielt sich Gott von mir fern.

Längst sind die Stimmen in mir erloschen,
nur das Warten wartet in mir weiter.

Als Bewohner fremder Zimmer

Ich erlebe mich nur als Bewohner fremder Zimmer.
Jetzt ist es Nr. 34, im Hotel Kent, Rom,
mit Blick auf das Museum zeitgenössischer Kunst.

Von hier aus erkenne ich mich
als Bewohner des Zimmers Nr. 44
mit Blick auf La Sapienza, im Jahr 68.

Es gab Mord und Raub, Vergewaltigung und Seelenbetrug,
eine verwirrende Zeit für Bauernsöhne aus dem Süden,
die mit Abitur nach Rom fuhren.

Der Ruhe eines Klosterzimmers in Düsseldorf
folgte der Blick auf den Rhein aus dem Stadtturm,
ein unschuldiges Zimmer in einem Stadtpuff und
immer wieder ein Zimmer bei unbekannten Gastgebern.

In Mannheim wurde ich Bewohner von Zimmern im Kolpinghaus
und beim CVJM,
von Zimmern unterm Dach oder im Keller –
mit oder ohne Klo auf der Treppe.

Es gibt Zimmer, die voll sind mit Ideen,
andere bleiben immer kalt.

Meine Seele setzt sich aus Zimmern zusammen,
nirgendwo war sie hoffungsvoller als jetzt in diesem Zimmer,
während ich auf mich warte.

Einbürgerung

Auf dieses Jahr
Auf diesen Monat
Auf diesen Tag
Auf diese Minute
haben er und ich jahrelang gewartet.

Ich unterschreibe mit meinem Namen,
er hebt das Blatt auf, und
wir verlassen den Raum, zu dem ich nicht mehr gehöre.

Für José, in memoriam

Ungeschützt verlasse ich das Denken an dich
und kehre mit deinen Worten zu mir zurück.

Vielleicht weil es heute Mittwoch ist,
der Tag aus unserem Leben, der uns am meisten verbindet.

Ich vermisse dich und die Gespräche
aus der Zeit, als wir uns in Träumen zu verlieren wagten.

Waren wir unvorsichtig, oder glaubten wir,
die Zeit sei uns gewiß?

Die Bachstelze auf ihrem Flug gegen den Strom
berührt immer wieder das Wasser,
und ich muß an dich denken

Mitte des Lebens

Der Himmel über den Alpen und
der Horizont am Ionischen Ufer
lösen sich öfter denn je in meinen Augen auf.

In diesem Feld treten Fragen
als verführerische Planspiele auf.
Ich kann sie nicht einlösen und
lasse sie im Blau und Grün zerfließen.

Ernüchterung

Auf euch,
Ansprüche eines Bauernjungen,
lasse ich mich nicht mehr ein.

Sorglos wendet sich mein Lied
von jedem Leid ab,
während in mir die Sehnsucht
nach dem Duft der Frauen schwindet.
Endlich stehe ich nackt vor mir.

Kein Shylock

Ich war kein Shylock,
unvernünftig und klug lebte ich unter Säcken,
randvoll und prall mit Leere gefüllt.

Mir gehörte und gehorchte kein Pfund Fleisch,
kein Pfund Erde, die Luft,
die ich zum Leben brauchte, war verpestet.

Aus Shylock kann kein Bruder werden,
unvernünftig und klug schlug ich mich
gegen mich selbst und durch.

Nun lebe ich vom täglichen Blick aufs Meer,
vor Hilferufen schützen mich die Dünen,
und bei Landwind sehe ich ihn mir zuwinken,
unvernünftig und klug - wie damals in Venedig.

Alpha und Omega

Es gibt keine Ebene mehr zu durchwandern,
weder Täler zu durchqueren noch Gipfel zu stürmen.
Jede Bewegung ist Anfang und Ende.
Jedes Wort ist Alpha und Omega.
Jeder Blick eine vollkommene Handlung.
Das Lächeln am Gartentor ist eine Opfergabe
an die Grenze, die uns zusammenführt.

Unser Leben

Mein Leben in Blau
zeigte sich zuversichtlich.

Zu meinem Leben in Blau
hattest Du keinen Zugang gefunden.

Unser Leben in Gelb ist warm
wie der Ginster im Schatten der Kiefer
am Rande unserer Gespräche
entlang der kommenden Tage.

Wenn der Tag das Leben durchströmt

Wenn der Tag das Leben durchströmt, flackern in mir
auf das Kirschenbluten von Kyoto, die Gletscher am
Elbrus, das Blau am Tag meiner Geburt.

Wenn der Tag das Leben durchströmt
garen in meiner Stimme das Schreien vor Troja,
das Fluchen gegen den Sommerregen,
der die Getreidefelder verwüstet, das Vorbeten in
dem Latein von Hausfrauen und Hirten,
Exilgespräche auf Deutsch,
das Französisch meiner Freunde,
das Englisch der Werbung und der Flughäfen,
die Ankunft in Spanisch.

Auf meiner Zunge nisten
Genüsse unbekannter Speisen und Gewürze,
und wenn der Tag das Leben durchströmt
sprechen sie zu mir in der Sprache vor der Sprache.

Seit 35 Jahren rückt das Ziel mir täglich näher:
Farbe um Farbe, Laut um Laut, Geste um Geste
werfe ich den Ballast ab, der mich ausmacht
und wundere mich nicht, daß die Attrappe,
die ich war, weiterhin im Spiegel erscheint

Im Kern

Entkernte Lebensbilder und Körperhülsen liegen
als zerschellte Spiegelsplitter um mich herum,
in jedem von ihnen erkenne ich meine Zeit.

Bereinigt von Erwartungen und Geboten,
Loyalitäten und Einbildungen,
unfähig zu lieben, zu urteilen, zu handeln
erschaudert der Kern, der mich ausmacht.

Äpfel für den Meister

An meinem Bett treffen sich längst keine Schatten mehr,
um mit Rätseln mir den Schlaf zu vergiften.

Gelbe Äpfel aus meiner Kindheit suchen mich
in der Nacht auf.

Sie sind länglich und runzlig,
an ihren Spitzenden hängt ein schwarzer Hauch ihrer Blüte,
sie liegen in einer offenen Schublade aus Pappelholz
mit Äpfelsorten zusammen, die mir nicht vertraut sind.
Honigfarben ist das Holz der Pappel über die Jahre geworden,
ein sicherer Ort für die Äpfel aus meiner Kindheit.

In der Nacht erzählen sie sich von ihrer Sommerzeit
»an hängenden Ästen über das Land bis zum See«.

Deine Worte sind gewiß auch mir zugedacht.
Sie erreichen mich im Traum:
sanfter kann die Sprache eines Meisters nicht sprechen.

Die Götter

Die Götter aus meiner Kindheit kehren zurück,
sie belagern mir die Atemwege und saugen aus mir die letzten Magensäfte heraus: es bleibt ein Knoten aus Schändung und Scham zurück.

Woanders bringen sie aus Langeweile eine Welt aus Attrappen zum Einstürzen, und die Einwohner laufen wie Hasen vor dem ersten Schuß,
nach der Jagd wird das Feld von ihrem Statthalter geweiht.

Am Rande des Geschehens
halte ich meine Opfergabe zurück,
während Gott die Täter rettet
und die Opfer in Spott ersaufen läßt.

Schatten um Schatten

Schicht um Schicht habe ich von mir
Sprache, Gott und Land abgetragen.
Nackt und dem Leben ausgesetzt war es nie
zu spät, um das Kind zu retten.
Schatten um Schatten haben sich erhellt
die Kinderseele, der Lebenslauf
der ihm geraubt wurde.

Die Schreinerwerkstatt

Im Schatten meiner Gedanken kehre ich täglich
zu der Werkstatt des Meisters und ihren Düften zurück.

Im Winter roch es nach aufflammenden Sägespänen und Tod.
Gegen den süßlichen Staub des Sommers holte der Lehrling
Wasser im Garten des Nachbarn.
Regen und Wind brachten im Frühjahr das Licht zu den Werkzeugen zurück.
Aus warmem Kastanienholz entwarfen sie Betten und Schränke
für die Nächte der Liebenden.
Im Herbst aßen sich Meister und Lehrling bei den Bauern satt.
Sie glaubten an ein Leben aus Geometrie.

Seit ungezählten Jahreszeiten bewachen
Holunder und Weißdorn das Haus des Meisters.

Wenn der Augustmond in die Werkstatt eindringt,
teilen sich Lehrling und Werkzeuge die Sehnsucht nach dem Meister.

Von Messer, Brille, Schirm und Ring

Es beginnt an einem Morgen, als die Klinge
eines Brotmessers auf der Fensterbank
ihm die Sonne in die Augen schießt.

Geblendet beginnt er Messer, Brille, Schirm und Ring zu verstehen.
In stiller Geduld haben sie ihm beigebracht, bei sich zu sein.

Beim Schneiden des Morgenbrots gerät er
in eine Körperhaltung, die Zuversicht ausstrahlt.
Mit der Brille in der Hand liest er jeden
Brief, bevor er ihn öffnet,
um von seinem Inhalt nicht überrascht zu sein.
Er greift nach dem Schirm, aber nicht
gegen den Regen, durch ihn wird er
um Jahre jünger, bevor er das Haus verläßt.
Den Ring zieht er vor jeder Begegnung an.
Seine Buchstaben in Silber und das Halbgesicht in Gold
bringen ihn in den Fluß des Lebens zurück.

Messer, Brille, Schirm und Ring
werden von ihm erzählen,
wenn ihm die Worte ausgegangen sind.

LAUTER UNGEREIMTHEITEN
2010–2013

Farben im Gespräch

Die Frage ist zu anderen Zeiten
vom Meisterverstand geschliffen worden.
Sie kann jedoch nicht unterlassen,
als Chamäleon sich uns erneut zu stellen.
Denn in welchen Zeiten leben wir,
wenn jedes Gespräch über Farben
untersagt wird, während sich jeder
an seiner Religion vergreift?

Körpergedächtnis

Jedes Jahr, sobald die jungen Birken
mit glitzernden Schatten
Haus, Garten und Bach
in sanfte Unruhe versetzen,
beginnt sie von einer Stadt
mit Kanälen, Arkaden, Mühlrädern
so zu erzählen, als ob sie mal dort gelebt hätte.

Für die Stadt hat sie keinen Namen.

Während ich, ihre jüngste Tochter,
meine Skizzen auf dem Piazza San Vito ordne,
verspüre ich die bittere Genauigkeit,
mit der sie den Geburtsort ihres Vaters in sich trägt,
ohne jemals ihn gesehen zu haben.

Sein und Werden

Vor dem Verkauf – so wird es erzählt –
hat Peter Schlemihl einen Scherenschnitt
seines Schattens
dem besten Meister seiner Zeit
in Auftrag gegeben.

Soviel, dachte er sich, bin ich
meinem Schatten und mir schuldig.

Der Meister, der Beste seiner Zunft,
vollbrachte ein Wunder und so geschah es, daß
Peter Schlemihl seinen Schatten
dem Teufel verkaufte und für sich behielt.

Die Überwindung des großen Nichts

Die Regeln kannte er nicht,
so spielte er mit uns nie.
Kinderlieder hatte er nie gehört,
so sang er uns keins vor.
Märchen waren ihm ebenso fremd
wie das Vorlesen am Bettrand.

Für uns kocht er immer noch und spielend,
seine Gerichte sind eine Hymne an die Freude,
vom Brotbacken in Winternächten erzählend
schneidet er Weizenbrotlaibe aus Meisterhand.

Donnerstags türmt er auf dem Küchentisch
gelbe, rote und grüne Paprika, süß und scharf,
strahlende Auberginen, gestreift oder violett,
längliche, runde und herzhafte Tomaten,
Nespole, Datteln, Feigen, Bergpfirsiche, Kaki,
weißen Fenchel, grünen Spargel, stachlige Artischocken,
Kichererbsen, Bohnen und Linsen jeder Größe.
Aus Lorbeer, Rosmarin, Thymian, Salbei
zaubert er eine Krone für die Galia Melone.

Das große Nichts lebt in ihm weiter,
stellt er beim Aufräumen jedes Mal fest,
sein Schmerz hat sich verloren.

Die Würde der Andersartigkeit

Erst in Matera, nicht in Chicago, habe er erkannt,
wie würdevoll ein Leben im Elend
ausgehalten wird. Der Märzspaziergang
durch Friedberg geht mit dem Satz zu Ende.

Die Bewohner der Felsenhäuser
haben wir mit Tatkraft umgesiedelt.
Von der Erde und ihren Tieren
sie zu trennen, lautete der Auftrag
an Wissenschaft, Politik und Kirche,
und wir glaubten einstimmig daran.

Fließendes Wasser, Strom, Kanalisation sind
Requisiten für ein kurzlebiges Zwischenspiel.
Weiß ich heute.
Wie die Tiere kehrt der Mensch zur Erde zurück,
und sie wollten die Erde nicht verlassen.

Mit heiterer Tatkraft haben wir sie alle
überzeugt und umgesiedelt.
Inzwischen sind ihre Felsenhäuser,
so höre ich, für Touristen freigegeben.

Kairouan

An manchen Orten
ist leicht an Gott zu glauben.
So war es in Le Palmier de Toulouse,
bei Thomas von Aquin,
davor in S. Lorenzo in Verona
und danach bei der Kirka Sofia
mit ihrer roten Arbeitersiedlung.

An manchen Orten
möchte ich an Gott glauben,
so wie Khalid,
der in der Moschee von *Kairouan*
Gespräche mit seinem Gott führt,
ohne mich zu vergessen.

An manchen Orten, damals wie heute,
wird der Mensch bei wechselnden
Tonlagen an Gott verraten.

Mißbrauch

Der Druck auf die Augen ließ nach,
Luft strömte wieder in die Lunge hinein,
der Hals fühlte sich rauh und rissig an,
die Zunge versteinert beim Schreien,
meine Beine waren naß und verdreckt.

Ich stand auf.

Am Opferstein blutete ein Widder aus:
ihm durchschneidet Abraham Brust und Bauch:
holt Eingeweide und Herz heraus
und opfert sie seinem Gott in glühendem Feuer,
verspeist sie.

Opferstein, Widder, Abraham:
ich sehe sie, heute wie damals, blutig vor mir,
während im Tal Frieden herrscht
bei den Tieren, den Menschen
und in mir in diesen Herbsttagen
der langen Schatten einer ruhigen Abendsonne.

Über die Dauer des Exils

Wozu in einer fremden Grammatik blättern?
fragte sich einer, der sich und seine Lieder
durch die Flucht vor dem Tod gerettet hat.

Um die Dauer des Exils zu verkraften,
entschied er sich,
vor fremden Silben und Klängen zu glauben:
die Botschaft, die dich ruft,
ist in bekannter Sprache geschrieben.

Um so bitterer fiel die Anmerkung des Lebens
zu seinem Glauben aus. Dort steht geschrieben:
keine Botschaft in bekannter Sprache hat
jemals einen Flüchtling erreicht, ihn auch nicht.

Es waren die Bomber der Alliierten, die
ihn riefen, aber nicht nach Hause.

Mit Witz griff er selbst in die Grammatik des
Lebens ein und brachte der verstummten Sprache
das Spielen bei.

Die Sandrose

Die Geliebte des Dichters
wird uns überdauern.
Sie war vor dem Mensch da.
Nach ihm wird sie weiterblühen:
solange der Wind warm und kalt
über die Erde wehen wird.
Sie wird weiterblühen, selbst
wenn kein Wort der Bewunderung
sie jemals erreichen wird.

ANHANG

ZEITTAFEL

11. Juli 1946	Gino Carmine Chiellino wird in Carlopoli Calabria / Italien) als viertes Kind der Hausfrau und Weberin Rosa Cimino und des Landwirtes Domenico Chiellino geboren.
Oktober 1959	Abfahrt vom Geburtsort Carlopoli im Sila-Gebirge.
1959–1961	Besuch der Mittelschule in S. Maria a Vico bei Neapel.
1961–1966	Besuch des humanistischen Gymnasiums in Salerno, Florenz und Cosenza.
1966–1970	Studium der Italianistik und Soziologie an der Universität »La Sapienza«. Aktive Teilnahme an der Studentenbewegung.
Juli 1969	Erste Reise nach Deutschland als Teilnehmer an der »Ökumenischen Aktion '69« in Düsseldorf.
1970	Laurea in Italianistik und Soziologie an der Universität »La Sapienza« in Rom.
1970–72	Lehrer an der Johannes-Kepler-Schule (Mannheim) für italienische Schüler.
Ab 1972	Dozent für italienische Sprache und Kultur an der Justus-Liebig-Universität in Gießen.
1974–76	Doktorarbeit in Komparatistik an der Justus-Liebig-Universität in Gießen.
1976–77	Beiträge zum »dibattito sulla letteratura gast« in der Frankfurter Wochenzeitung *Corriere d'Italia*. Bekanntschaft mit Franco Biondi. Erste Gedichte auf Deutsch.

1978	Dozent an der Universität Augsburg.
1980	Mitbegründer von PoLiKunst (Polynationaler Literatur und Kunstverein e.V. 1980–87) und Vorsitzender 1981–84.
1983–87	Mitherausgeber von deutschsprachigen Werken ausländischer Autoren.
1984	Gedichte von Gino Chiellino bilden die Grundlage für den Film *Felice heißt der Glückliche* von Hilde Bechert und Klaus Dexel.
Seit 1985	Lesereisen nach Italien, Ungarn, Niederlande, Kanada, Japan, Schweiz, Österreich, Polen, USA, Spanien und Finnland.
1987	Adelbert-von-Chamisso-Preis der Bayerischen Akademie der Schönen Künste, ex aequo mit Franco Biondi.
1990	Gast beim Weltkongreß der IVG in Tokio.
1992	Videofilm GINO CHIELLINO. Hg. Goethe-Institut München.
1993	Habilitation in Vergleichender Literaturwissenschaft und Privatdozent an der Universität Augsburg.
1995	Gastpoet beim Weltkongreß der IVG in Vancouver.
1996	Preis der Gesellschaft der Freunde der Universität Augsburg für die Habilitationsschrift *Am Ufer der Fremde. Literatur und Arbeitsmigration 1870–1991.*
2001	Ernennung zum Professor für Vergleichende Literaturwissenschaft.
2001	Dresdner Poetikdozentur.
2002	Gast der Villa Vigoni.

2004	Kreatives Schreiben mit Patienten einer psychiatrischen Klinik.
2004	Teilnahme an dem »Festival Poesie International 04« Spielboden Dornbirn (Schweiz).
2005	Die Zeitschrift Akzente widmet Gino Chiellino das Titelblatt des Heftes 5 / Oktober 2005. München Hanser Verlag 2005.
2005	Teilnahme an den »Innsbrucker Wochenendgesprächen Mit den Augen fremder Sprachen«.
2004–2005	Italienische Übersetzung von Michael Krügers »Kurz vor dem Gewitter Poco prima del temporale« für den Mailänder Verlag Edizioni Frassinelli (2005).
2007	Eröffnungsvortrag bei dem Treffen interkultureller Schriftsteller »In einer Adoptivsprache schreiben. Geteilte schriftstellerische Erfahrungen in Europa« im Frankfurter Literaturhaus.
2007	Teilnahme an den »Chamisso-Tagen« im Ruhrgebiet.
2007	Gastpoet in Stuttgart und in Santa Severina, Kalabrien, beim Kunst-Kultur-Projekt »La valigia d'identità« der Gruppe »Il Parto delle Nuvole Pesanti«.
2010	Lesereise in Italien, der Schweiz, Österreich, den Niederlande und Deutschland, um den Gedichtband »Landschaft aus Menschen und Tagen« vorzustellen.
2010	Teilnahme an »The Maastricht International Poetry Nights« (Maastricht / Holland, Oktober) und an dem Münchner »Lyrik-Festival« (München / September).
Februar 2011	Teilnahme an »Deutsch geht gut« - Das Literaturprojekt in Bietigheim-Bissingen.
Mai 2011	Teilnahme am 4. Europäisches Poesiefestival in Frankfurt a. M.

November 2011	Öffentliche Vorträge am ZIS der Universität Mainz und Germersheim.
November 2012	Vortragsreise nach Cáceres, Spanien.
Juli 2012	Forschungsreise nach Stockholm im Rahmen des Projekts »Das große ABC der interkulturellen Literatur in Europa«.
März 2012	Reise nach Tunesien. Vortrag über Albert Memmi in Tunis.
April 2013	Reise nach Irland Vortrag und Lesung am Trinity College Dublin und Mary Immaculate College Limerick.
2014	Italienische Übersetzung und Herausgabe von Rainer Malkowski »Poesie« für den Verlag Le Lettere. Firenze
2014	Stipendium der Robert-Bosch-Stiftung, Stuttgart.
Ab 2014	Verfasser der Kolumne »Deutsch richtig und gut« für das A3Kultur-Feuilleton, Augsburg.

Walter Schmitz

IN SPRACHE VERBORGEN

ZU GINO CHIELLINOS LYRISCHEM WERK

Im Jahr 1984 erscheint in deutscher Sprache der erste Gedichtband eines jungen, aus Italien zugewanderten Autors: Gino Chiellino. Weitere Gedichtbände folgen. Seit dem Jahr 1985 beteiligt sich Carmine Chiellino mit Essays an der öffentlich kulturellen Debatte über die Literatur der ›Ausländer‹ in der Bundesrepublik Deutschland. Zudem beginnt er eine wissenschaftliche Laufbahn, die zur alsbald veröffentlichten Habilitationsschrift *Am Ufer der Fremde. Literatur und Arbeitsmigration 1870–1991* und dann zum ersten Handbuch der interkulturellen Literatur in Deutschland führt.[1] So liegt bis heute ein umfangreiches Œuvre von Lyrik und essayistischer Prosa unter dem Autornamen ›Chiellino‹ zusammengefasst vor.

Vereinen sich nun vielleicht diese beiden Schreibidentitäten im traditionsreichen abendländischen Rollenbild des Poeta doctus? Schon ein erster Blick auf den hier vorliegenden Band (und er wird durch jede Lektüre der bisher erschienenen Gedichte Chiellinos nur bestätigt) belegt uns, dass dieser Autor keinerlei Gelehrsamkeit aufbietet, um seine Leserschaft etwa herauszufordern oder gar zu beeindrucken. Im Gegenteil: Die Gedichte sind auf den ersten Blick ›einfach‹, verbergen freilich unter der Oberfläche von Einfachheit ihre Vielsinnigkeit, verbinden sich über Zitate und Kennworte mit anderen, ziehen gleichsam Linien wie zu einem großen Gewebe – einer Textur. Linien, die nicht nur die Gedichte Chiellinos miteinander verbinden, sondern die auch Gesprächsfäden zu den Werken Anderer schlagen. Ebenso wenig aber führen auf der anderen Seite Gino und Carmine Chiellino gleichsam

1 Interkulturelle Literatur in Deutschland. Ein Handbuch. Hg. v. Carmine Chiellino. Stuttgart: Metzler 2000. – Dieses Nachwort ist eine überarbeitete und wesentlich erweiterte Version meines früheren Textes: »… sich die Fremde nehmen«. Über Gino Chiellino. In: Gino Chiellino: Ich in Dresden. Eine Poetik. Dresden: Thelem 2003, S. 213–232. Passagen aus diesem früheren Text werden hier ohne weitere Kennzeichnung übernommen. – Einfache Seitenzahlen im Text verweisen auf die in dieser Sammlung abgedruckten Gedichte. Um vorschnellen Identifikationen vorzubeugen, wird das sog. ›lyrische Ich‹ hier durch die veränderte Schreibweise ICH vom Autor-Ich abgesetzt. – Zu Chiellino vgl. meinen Autorenartikel in: Walter Schmitz (Hg.): Handbuch ›Literatur der Migration‹ in den deutschsprachigen Ländern seit 1945. Bd. III. Dresden: Thelem 2018 (i. V.). – Eine gute Übersicht bietet Szilvia Lengl: Carmine Gino Chiellino: Lyriker und Forscher der interkulturellen Literatur. Ein Porträt. In: Jahrbuch für internationale Germanistik 45 (2013), H. 2, S. 67–136.

ein Doppelleben, wie es Gottfried Benn dem Künstler anraten wollte. Vielmehr sind Gedichte und Essays eng verbunden, aber wiederum im Sinn einer umfassenden Textur, zu der die Essays Horizonte des Wissens, der Kenntnis, der Einsicht und auch der Deutung erschließen. Zudem erinnert gerade bei den wissenschaftlichen und essayistischen Arbeiten die Etymologie des Vornamens ›Carmine‹ an das ›carmen‹, das ›Lied‹ des Dichters. Eine gelebte und erschriebene ›Identität‹ im Plural also, als Namens – und Verweisspiel auf Autorrollen: Die Einheit eines Œuvres, einer Autoridentität lösen sich in Brüche auf. Nur über Brüche hinweg stellen sie sich wieder her – in der Bewegung der Sprache, im Gespräch. Und so bilden – wie Immacolata Amodeo aus verwandter Erfahrung notierte – die ›Brüche‹ gleichsam die einzige Kontinuität in dem mittlerweile schon umfangreichen Werk Chiellinos;[2] und deren Spur in die Wirklichkeit des Kunstwerkes wie in den Prozess der Reflexion zu heben, ist die bisherige Lebensarbeit des Autors Carmine oder Gino Chiellino. Zumindest soweit gibt seine Biografie auch die Signatur des Werkes vor. Chiellino hat diesen Lebenslauf einmal skizziert, die Herkunft aus Kalabrien, noch heute wie damals, als Chiellino den Ort seiner Herkunft verließ, eine der ärmsten Regionen Italiens:[3]

Ich bin das letzte von vier Kindern, dem die Gelegenheit zum Studium gegeben wurde. Es war allerdings kein Weg des Wohlstands, sondern angesichts der Vorbedingungen ein klassischer Weg. Er lief über ein Priesterseminar, wo man wenig bezahlen mußte. Durch Unterstützung von Verwandten, die mich bis zum Alter von sechzehn Jahren in Cosenza aufgenommen haben, wurde dieser Weg möglich. Das erste Jahr war durch Ersparnisse finanziert, das zweite, dritte und vierte Jahr wurden nach einem Gesetz, wonach Mittellose zu fördern sind, bezahlt. In Cosenza habe ich mein Abitur gemacht. Danach habe ich von 1966 bis 1970 in Rom studiert. Dort habe ich zwei Jahre am Goethe-Institut Deutsch gelernt. Insgesamt waren es 200 Stunden.
Trotz der Ereignisse von 1968 habe ich schon 1969 verstanden, daß für uns, die Söhne der Bauern, Handwerker und Arbeiter, aus der 68er Revolte nichts

2 Vgl. Immacolata Amodeo: Gino Chiellino: Der Bruch als Kontinuität. In: Letteratura de-centrata. Italienische Autorinnen und Autoren in Deutschland. Texte und Analysen. Hg. v. Caroline Lüderssen u. Salvatore A. Sanna. Frankfurt a. Main: Moritz Diesterweg 1995, S. 114–119.

3 Gino Chiellino: [Gespräch mit Johannes Röhrig]. In: Johannes Röhrig: Worte in der Fremde. Gespräche mit italienischen Autoren in Deutschland. Gerbrunn b. Würzburg: Wissenschaftlicher Verlag A. Lehmann 1992, S. 65–83, hier S. 67 f. – Erst in seinem späten, autofiktionalen Roman *Der Engelfotograf. Eine Kindheit in Kalabrien* (Wien: Folio 2016) hat er diese frühen Erfahrungen der Armut und der Erziehung im Priesterseminar gestaltet. Zu den Spuren, die diese Erfahrungen des Priesterseminars zuvor in Chiellinos Lyrik hinterlassen haben, vgl. Thomas Baginski: Ungeweinte Tränen. Trauma, Trauer und Verlust der inneren Heimat bei Gino Chiellino. In: The German Quarterly 90 (2017), H. 2, S. 175–195, hier S. 189 ff.

zu gewinnen war. Es gibt ein zyklusartiges System: mein Großvater war ausgewandert, mein Vater nach dem Zweiten Weltkrieg nach Argentinien, und ich selbst dachte, mich mit der Kenntnis einer fremden Sprache auf die Emigration vorzubereiten. Am Goethe-Institut habe ich allerdings insgesamt nicht soviel gelernt. Dennoch war der Besuch der Kurse eine Vorbereitung auf das Leben in der Fremde.
Meine Studienfächer waren Italianistik und Soziologie, und bei der Frage, worin ich meine Abschlußarbeit schreiben sollte, habe ich mich entschieden, in Soziologie eine Arbeit über die Emigration zu machen. Wichtig für mich war dabei, herauszufinden, welche Kraft die Dörfer im Süden auseinandergerissen hat. Ich bin darauf zu Mannesmann in Düsseldorf gefahren. Diese Fahrt war der erste, aber nach meiner Meinung nicht endgültige Schritt in die Fremde. Es war ein Herantasten ohne Verpflichtung. Ich hatte immer noch einen Grund zurückzukommen, weil ich ja nur meine empirischen Daten sammeln wollte. Andererseits konnte ich prüfen, ob es möglich war, in Deutschland eine Arbeit zu finden; denn ich stand zusätzlich vor der Frage, was ich nach meiner Zulassung als Gymnasiallehrer tun würde. Um in Italien eine Stelle zu bekommen, hätte ich schmieren müssen, was ich aber nicht wollte. Als ich bei der Schulabteilung der italienischen Botschaft in Bonn vorsprach, wurde mir aufgrund meiner Ausbildung und der schon vorhandenen Deutschkenntnisse empfohlen, nach dem Abschluß in Italien noch einmal in Bonn Rat zu suchen. Das habe ich auch getan, und ich bekam eine Arbeitsstelle in einer Vorbereitungsklasse in Mannheim, wo ich zwei Jahre mit italienischen Kindern gearbeitet habe.

Seit dem Jahr 1970 lebt Chiellino in der Bundesrepublik Deutschland; nach sechs Jahren, im Jahr 1976, hatte er Gedichte zu schreiben begonnen, und er hatte von Beginn an die deutsche Sprache gewählt, um – wie er sagte – eine »Entfremdung zwischen meiner Sprache und meinem Alltag« zu vermeiden: »Meine Literatursprache muß so brüchig und gefährdet sein, daß sie das, was ich im Alltag erlebe, wiedergeben kann: Unsicherheit aufgrund des Ausländergesetzes und Unsicherheit in der Anonymität.«[4] Freilich setzt die Ästhetik seiner Texte nicht auf die wohlfeilen Wirkungen einer ›Literatur der Betroffenheit‹. Von Beginn an hatte es Chiellino niemals darauf abgesehen, einen Beitrag zur deutschen Gastarbeiterliteratur zu leisten. »Wir wollten uns bewußt«, so beschreibt er die Ausgangslage, »von dem bewohnten Bild des Gastarbeiters mit Bündeln und Kartons schon von Anfang an deutlich unterscheiden«.[5] Deshalb gibt er weder einem »Rezeptionsvoyeurismus [...] nach, der mit

4 Chiellino, Gespräch mit Röhrig (wie Anm. 3), S. 75.
5 Gino Chiellino: Und im Licht waren für ihn alle Möglichkeiten enthalten. In: Zwischen Fabrik und Bahnhof. Hg. v. Franco Biondi u. a. Bremen: Ed. CON 1981, S. 11–14, hier S. 12.

Hilfe der Literatur der Ausländer zeigen wollte, wie jene Ausländer sind und was sie denken, denen der Leser auf der Straße oder im Betrieb nicht begegnen wollte«,[6] noch zählt er sich zu den ausländischen Autoren, die vielleicht glauben, die ausländische Arbeiterschaft mit ihrer Literatur erreichen zu können, wenngleich auch Chiellino einräumt: »[E]inerseits erreichen wir die ausländische Arbeiterschaft über Literatur wenig; andererseits finden wir im Gegensatz zu deutschen Intellektuellen und Autoren über gemeinsame Erlebnisse immer noch eher einen Weg zu ihnen.«[7] Die ›Last der Repräsentation‹, die literarische Zeugenschaft für die bitteren Erfahrungen eines sozialen Prozesses, war auch dem jungen Chiellino nicht fremd. Denn er hatte ja durchaus eine Literatur angestrebt, »die als Spurensicherung unserer Teilnahme an der Geschichte der BRD fungieren sollte; eine Literatur, die Antworten auf Fragen geben sollte, die spätere Generationen sich stellen werden, darf bzw. muß eine Tiefe, eine historische und gesellschaftliche Tiefe haben, in der das Suchen möglich sein kann. Tiefe ist mit Betroffenheit allein nicht zu schaffen, denn wie gesagt: Betroffenheit greift nicht an, sie reagiert.«[8] Die Sammlung seiner Essays aus dem Jahr 2001 wird er unter den Titel *Liebe und Interkulturalität* stellen und damit zwei Leitworte aus seiner literarischen Arbeit benennen. Der abstrakte Terminus ›Interkulturalität‹ verwandelt sich dabei in eine Motivik der Fremdheit, durch die sich auch die ›Liebe‹ verwandelt, also die Chance der Menschen auf Gemeinsamkeit in jedem Sinne, die erotische Vereinigung wie das Verstehen durch Sprache. Das Gedicht *Es Liebe*[9] signalisiert diese Ver- und Entfremdung der Liebe in Zeiten der ›Gastarbeit‹ schon im Titel. Sie wird objektiviert, vereint nicht mehr zwei Menschen – offenbar ›einen Ausländer‹ und ›eine Deutsche‹ –, sondern ist nur ein wechselseitig stereotyper Austausch – »ein wenig Exotik gegen / ein bißchen Integration«.

Zugleich zeigt sich hier schon die Besonderheit des Lyrikers Chiellino, der immer wieder auch die Begriffe, die in der öffentlichen Rede halb terminologisch, halb polemisch gebraucht werden, in den Raum des Gedichtes versetzt. Ein Gedichttitel kann denn auch durchaus befremdend lauten: *Integration – Ein Gedanke in sieben Thesen* (S. 31). Integration ist bis auf den heutigen Tag ein Leitthema der Debatte geblieben, die freilich von der Subtilität der uneingestandenen Rollenzuweisungen

6 Carmine Chiellino: Fragen zur Rezeption der Ausländerliteratur in der Bundesrepublik Deutschland – Heutiger Stand der Rezeption. In: Ders.: Liebe und Interkulturalität. Essays 1988–2000. Tübingen: Stauffenburg 2001, S. 163–170, hier S. 169.

7 Chiellino, Gespräch mit Röhrig (wie Anm. 3), S. 79.

8 Gino Chiellino: Die Betroffenheit eines Erotikers. In: Forum. Zeitschrift für Ausländerfragen und -kultur 2 (1986), H. 1, S. 123–126, hier S. 126.

9 Aus dem Band *Mein fremder Alltag* (Kiel: Neuer Malik-Verlag 1984), S. 12; in dieser Sammlung S. 15.

von Chiellinos Gedicht weit entfernt ist. In der öffentlichen Rede sind die Rollen immer schon fixiert. Die Lyrik aber verwandelt, wenn sie gelingt, Öffentlichkeit in Offenheit.

So entdeckte der Schriftsteller und Intellektuelle Chiellino in der *Gastarbeiteridentität* – so der Titel eines weiteren Gedichtes aus jenen Jahren (S. 17) – durchaus Vertrautes: »Anders werden / sich treu bleiben«, als eine Art Lebensappell, eine rhetorische Figur, die in seinen Gedichten in jenen Jahren öfter variiert wird: Aufforderungen des lyrischen Ich an sich und andere: »Bis dahin Freunde bis dahin laßt uns / die Widersprüche der Helfer aufdecken / den Haß in den Hassern besiegen«.[10] Mit den ›fremden Gästen‹, die zur ›Arbeit‹ angeworben waren, hat der Schriftsteller, der ›in die deutsche Sprache eingewandert‹ ist, gemein den Kampf um Anerkennung und die Erfahrung der Fremde: Anerkennung bedeutet über den sozial-moralischen Appell, der jedem Menschen zusteht, hinaus auch den Kampf um die Anerkennung eben als Schriftsteller, um einen respektierten Platz im ›literarischen Feld‹ (Bourdieu), also in dem Gefüge von Verlagen, literarischer Kritik, Buchvertrieb und öffentlicher Präsenz im weitesten Sinn. ›Sich die Fremde nehmen‹ wird zu einer Aufgabe, die – wiederum im Appell – nicht nur dem folgenden Gedichtband Chiellinos den Titel gibt, sondern auch seine Schreibstrategien bestimmt. Die Sprachfremdheit schärft ja das Bewusstsein für die Möglichkeiten der Sprache, die in den Alltagsroutinen abgeblendet und nicht genutzt werden. Es sind einfache Worte oder auch Redewendungen, die in Chiellinos Gedichten vielsinnig werden, dabei oft auch fremd anmuten, in paradoxem Umschlag Sinn und Gegensinn verbinden. Vielsinnigkeit und Verfremdung fallen so in eins. Dies gilt auch für diese Formel ›sich die Fremde nehmen‹, deren Sinnspektrum aufgespannt ist zwischen den beiden Polen ›sich die Freiheit nehmen‹ und ›sich das Leben nehmen‹. Und die Vielsinnigkeit setzt sich fort, denn ›sich das Leben nehmen‹ kann ja bedeuten, sich das Leben überhaupt erst aneignen, es kann aber auch bedeuten, in einem Akt freien Entschlusses auf das Leben zu verzichten, den Tod zu wählen – eine Lesart, die als Horizont des Fremdseins nicht verdrängt werden darf.

Gewiss also zwingt sein literarischer Ansatz den Autor nicht in die

10 *Der nächste Morgen*, S. 29. Das Gedicht hält virtuos die Balance zwischen persönlichem Sprechen und allgemeinem Anliegen. Der ›gemeinsame Kampf‹, an dem Freunde beteiligt sind, ruft als eine – mögliche, aber nicht ausschließliche – Referenz eben den Kampf um Anerkennung, die Chiellino mit der Gründung etwa des Internationalen PoLi-Kunstvereins mit initiiert hatte, auf, wendet ihn jedoch zugleich ins Persönliche, in die Folge der Generationen. Das ›Lachen der Kinder‹ verbürgt eine Sicherheit, die nicht nur wie die jetzige äußerlich, sondern mit Leben erfüllt ist. Bis dahin gilt es nicht nur die offene Feindschaft abzuwehren, sondern auch die herablassende Patronage der Gutwilligen aufzudecken, um so eine authentische Anerkennung der Fremde, die sie zugleich bestehen lässt und aufhebt, zu erreichen.

Solidarität mit einer Gruppe, verwandelt ihn nicht zu einem ›Heimatdichter für Fremde‹. Aber er, der Dichter, erkundet seine eigene ›Fremde‹, ausgehend davon, dass »ich – als ich nach Deutschland kam – die deutsche Sprache nicht im Koffer hatte, Spuren von ihr waren zwar an mir erkennbar, jedoch sprach ich sie nicht«.[11] Diese elementare Sprachfremdheit bestimmt die Welterfassung von Gino wie auch die des Literaturforschers und Essayisten Carmine Chiellino. Denn man wird, wie er im Rückblick – verfremdend in der dritten Person – betont, leicht feststellen können, »daß Chiellinos Prosa und seine Lyrikanfänge nicht weit voneinander liegen«; so versteht sich die erste Lyriksammlung *Mein fremder Alltag* als »Sprachtagebuch zum Leben in der Fremde«,[12] und damit werden – wie in dem Gedicht *Ghetto* (S. 28) – die tieferen Schichten ausgrenzender Alltagspraxis aufgedeckt, jene eigentlichen, symbolischen ›Mauern in den Köpfen‹, und es bedeutet damit auch die – nicht nur subtile – Erfahrung von Sprachmacht und von Machtausübung durch Sprache, die Zuweisung einer *Sklavensprache* an den ›fremdherkünftigen‹ Schreibenden.[13] Chiellino wendet mit dem Zitatwort im Titel allein schon – und dies ist eine weitere Besonderheit der Schreibweise seiner Gedichte – die scheinbar schlichte Feststellung eines Sachverhalts in einen subversiven Dialog; denn die Sprache, die hier dem lyrischen Ich angewiesen wird, ist jene ›Sklavensprache‹, in der die Unterdrückten eben doch ihre eigene Wahrheit zu formulieren vermögen: So hatte es Lenin als revolutionäre Strategie angeraten,[14] aber, und das dürfte für Chiellino entscheidend gewesen sein, Bertolt Brecht hatte diesen Effekt nicht nur propagiert, sondern selbst verfremdend als Gegenwort zur Macht literarisch genutzt. Wer sich im Sinne Chiellinos ›die Fremde nimmt‹, verfremdet eben auch die Selbstverständlichkeiten der Anderen, die über Macht und Sprachmacht verfügen. Er bringt – um einen weiteren für Chiellino bedeutsamen Klassiker zu zitieren – ›die versteinerten Verhältnisse zum Tanzen‹.[15] Und zugleich wird – vielsinnig – mit dem Zitat ein Gespräch eröffnet, eine Verbindung geschlagen, die der konstatierten Fremdheit entgegenwirkt.

11 Carmine Chiellino: Gemeinsamkeiten, die trennen – Unterschiede, die verbinden. Visionen von einer multikulturellen Literatur in Deutschland. In: Ders., Liebe und Interkulturalität (wie Anm. 6), S. 180–188, hier S. 180.

12 Carmine Chiellino: Gino / Carmine Chiellino [Abschnitt des Kapitels *Literatur der italienischen Minderheit*]. In: Chiellino (Hg.), Interkulturelle Literatur in Deutschland (wie Anm. 1), S. 76–78, hier S. 77.

13 Vgl. das Gedicht *Sklavensprache*, S. 26 in diesem Band.

14 Vgl. Wladimir Iljitsch Lenin: Vorwort. In: Ders.: Der Imperialismus als höchstes Stadium des Kapitalismus. 22. Aufl. Berlin: Dietz 1987, S. 7–9, hier S. 7. Zu Brechts Begriffsverständnis vgl. Hans Mayer: Bertolt Brecht und die Tradition. Pfullingen: Neske 1961, S. 86.

15 Karl Marx: Zur Kritik der Hegelschen Rechtsphilosophie. In: Ders. u. Friedrich Engels: Werke. Bd. 1. Berlin: Dietz 1976, S. 378–391, hier S. 381.

Die deutsche Sprache selbst bietet, als Gefäß der kollektiven Erinnerungen und als entsprechendes Reglement der Praxis, zunächst der Erfahrung des ›Fremden‹ einen eigenen zähen Widerstand, trägt sie doch »nicht dazu bei, die Fremde zu definieren«.[16] So gilt es, nicht nur in die Sprache einzuwandern, sondern sie auch zu unterwandern, so dass es Chiellinos Aufgabe und Leistung wird, »eine deutsche Sprache [zu entwickeln], die fähig ist, die Fremde zu erfassen«[17] und eine neue Art der Gemeinsamkeit zwischen der bisher an vielleicht ›monosemische‹, einsprachige und gleichsam einsinnige Lyrik gewohnten Leserschaft und dem ›fremdherkünftigen Autor‹ (Franco Biondi) zu ermöglichen.

Bereits in Chiellinos zweitem Gedichtband *Sehnsucht nach Sprache* wird er denn auch »auf Distanz zur engagierten Literatur der Arbeitswelt und zur Sprache der alternativen Szene der Großstädte« gehen.[18] Diese neuen Gedichte sind, wie Carmine Chiellino im Handbuchartikel *Gino / Carmine Chiellino* feststellt, »dialogischer angelegt, das heißt, die Herkunftskultur des Autors und die Sprache des Landes treten in einen konstruktiven Austausch«. *Die Sprachencollage* (S. 36) eröffnet auch den Raum des imaginären Dialogs mit den ›verwandten‹ Dichterinnen und Dichtern, im deutschen Kulturkreis wie in anderen Kulturkreisen.[19] In seiner Poetikdozentur *Ich in Dresden* hat Chiellino auf seinen Gesprächspartner über die Zeiten hinweg in deutscher Dichtung verwiesen, auf Friedrich Hölderlin, dessen Gesang *Mnemosyne* in der zweiten Fassung »mit folgendem Bekenntnis« beginnt: »Ein Zeichen sind wir, deutungslos / Schmerzlos sind wir und haben fast / Die Sprache in der Fremde verloren.«[20] Dem für Chiellino paradox vertrauten Sprachverlust ›in der Fremde‹ wäre aber wiederum mit – seither berühmten – Versen aus Hölderlins großer Hymne *Die Friedensfeier* zu antworten; auch einen Dialog der Dichter – und nicht nur der Dichter – hat Hölderlin ja dort vorweggenommen: »Viel hat von Morgen an, / Seit ein Gespräch wir sind und hören voneinander, / Erfahren der Mensch; bald

16 Chiellino, Gespräch mit Röhrig (wie Anm. 3), S. 69.

17 Werkstattgespräch mit Gino Chiellino am 17. Juli 1991. In: Gino Chiellino. Werkheft Literatur. Hg. v. Mechthild Borries u. Hartmut Retzlaff. München: Iudicium 1992, S. 42–50, hier S. 44.

18 Chiellino (Hg.), Interkulturelle Literatur in Deutschland (wie Anm. 1), S. 77.

19 Vgl. den Abschnitt *Alte und neue Gesprächspartner* bei Chiellino, Ich in Dresden (wie Anm. 1), S. 69–88, insbes. sogleich die Aufzählung von »Gesprächspartnern der letzten Jahre«, ebd., S. 69; weiter ebd., S. 148–161. – Vgl. zu den Gesprächspartnern und weiteren intertextuellen Beziehungen Lengl, Carmine Gino Chiellino (wie Anm. 1), S. 105, sowie ergänzend zu den Zitationen Giovanni Scimonello: Franco Biondis *In deutschen Küchen* (1997) und Gino Chiellinos Lyrik als Paradigmen poetologischer Diskurse in der Ausländerliteratur der BRD. In: Cultura tedesca 15 (2000), S. 215–231, hier S. 228 f.

20 Chiellino, Ich in Dresden (wie Anm. 1), S. 123. – Friedrich Hölderlin: Mnemosyne. In: Ders.: Sämtliche Werke und Briefe. 3 Bde. Hg. v. Jochen Schmidt. Bd. 1. Frankfurt a. Main: DKV 1992, S. 364 f. sowie Kommentar, S. 1031–1052, hier S. 1033.– Zu Hölderlins Bedeutung für die Literatur der Migration vgl. Schmitz, Handbuch ›Literatur der Migration‹ (wie Anm. 1), Bd. II: Konzepte, Phasen, Kontexte. Dresden: Thelem 2018, das Kapitel *›Einwurzelung‹ – Vom Erfinden einer Tradition.*

sind wir aber Gesang.«[21] Für Chiellinos ›Gesang‹ – jenes ›carmen‹, das er sich in seiner Autorrolle als Lyriker noch nicht zuschreiben will – bildet eben das ›Gespräch‹ über die Grenzen von Raum und Zeit hinweg die Vorstufe; es steht gleichsam unter dem Schutz der *Mnemosyne*, der Mutter der Musen und Beschirmerin der Erinnerung.[22] Gedächtnis und Gespräch sind denn auch die Leitthemen der wissenschaftlichen Arbeiten Chiellinos zur interkulturellen Literatur – nicht nur in Deutschland.

Dem freien ›Gesang‹ eines lyrischen ICH indessen stehen zum Ende des 20. Jahrhunderts allzu viele Widerstände entgegen. Es ist ja keineswegs nur die spezielle Erfahrung eines Migranten, die dem Gedicht ihren Widerstand entgegensetzt. Die Erfahrung der Fremde ist keineswegs das Urtrauma des lyrischen ICH in Chiellinos Gedichten. Gemessen an den früheren Verletzungen bietet sie vielleicht sogar eher die Chance der Befreiung, sich die Fremde zu nehmen – »das könnte die Schatten auf meiner Seele« aufhellen und verschwinden lassen; der »Wunsch – anders zurückzukehren« – wird sich dann behaupten.[23] Der »ursprünglichen Konfliktsituation, die zur Auswanderung geführt hat«, sollte – so fordert Chiellino – mehr Aufmerksamkeit zugewandt werden als jenen nachfolgenden Fremdheitserfahrungen, die für die ›Einheimischen‹ ihren exotischen Reiz haben mögen.[24] Eine »Sprachreise auf der Suche nach dem Gedächtnis« unternimmt das ›lyrische ICH‹ im Gedicht *Mit welchen Bildern zu dir sprechen*.[25] Ein Ziel wird nicht erreicht: »Die Reise hält an« – für die Ankömmlinge aus fremdem Land wie für das lyrische ICH auf dem Weg zur Sprache: »Eine Ankunft war nicht vorgesehen.«[26]

21 Friedrich Hölderlin: Die Friedensfeier. In: Ders., Sämtliche Werke (wie Anm. 20), S. 338–343, hier S. 341. – Vgl. auch den Hinweis bei Scimonello, Chiellinos Lyrik (wie Anm. 19), S. 229.

22 In seiner wissenschaftlichen Arbeit verbindet sich im Ansatz Chiellinos eine erklärende These mit einer Praxis des Schreibens. In der Sprache des Gedichts, so der Grundgedanke, sei immer latent die andere Sprache vorhanden, auch wenn das Gedicht nicht mehrsprachig sei, und diese Sprachlatenz sei der Beitrag einer interkulturellen Kultur zu einem neuen Gedächtnis der aufnehmenden, die so zu einer gastgebenden Gesellschaft werden könne; vgl. mein Nachwort: Gedächtnis und Gespräch. Zu den anthropologisch-ethischen Grundlagen von Carmine / Gino Chiellinos europäischer Literaturforschung. In: Carmine Chiellino: Freie Platzwahl. Beiträge zur Erforschung der interkulturellen Literatur in Deutschland. Dresden: Thelem 2018 (i. V.). Außerdem die Passagen in Schmitz, Handbuch ›Literatur der Migration‹, Bd. II (wie Anm. 20), das Kapitel 4.4.2.: *Vermittlung und kulturelle Doppelperspektive – Sprachwechsel – Mehrsprachigkeit – Übersetzung*.

23 So das bislang unveröffentlichte Gedicht *Verschwinde!*, zit. n. Baginski, Ungeweinte Tränen (wie Anm. 3), S. 175.

24 Carmine Chiellino: Fragen zum heutigen Stand der Rezeption der Ausländerliteratur in der Bundesrepublik Deutschland. In: Zielsprache Deutsch 22 (1991), S. 237–242, hier S. 240. Baginski, Ungeweinte Tränen (wie Anm. 3), setzt sich in seiner Studie die Erkenntnis eben dieser Konfliktlast zum Ziel, die Chiellino als den Kern dieser Literatur der Ausgewanderten bezeichnet und sogleich der Forschung als Aufgabe gestellt hatte.

25 Vgl. S. 38. – Gino Chiellino: Sehnsucht nach Sprache. Gedichte 1983–1985. Kiel: Neuer Malik-Verlag 1987, S. 26.

26 *Integration – Ein Gedanke in sieben Thesen. These Nr. 2 – zur Lage der Stille*, S. 29. Dass ›Integration‹ für Chiellino stets sozial wie ästhetisch zu verstehen ist, diese Engführung von ›realistischer‹ und

Gerade die ›verweigerte Ankunft‹ ist der Beitrag des ›fremden‹ Dichters deutscher Sprache zu Deutschlands Kultur ebenso wie der Verweis auf die Bedingungen der Herkunft, die diese Reise erst erzwangen.

Nicht nur von der Literatur der Gastarbeiter, sondern auch vom Status des ausländischen Dichters als ›Gast‹ musste sich somit Chiellino letztlich distanzieren, obschon er sich an der Entwicklung und Erörterung der ›Letteratura Gast‹ beteiligt hatte;[27] ganz offensichtlich hat er es dennoch »nicht darauf abgesehen, einen Beitrag zur ›deutschen Gastliteratur‹ zu leisten«.[28] Er will sich nicht als Gast sehen, der dankbar am reich gedeckten Tisch der deutschen Sprache und Kultur Platz nimmt, einige Gastgeschenke mit sich bringend, sondern er sieht sich als einen, dessen Platz noch nicht gefunden ist. »Ist Gino Chiellino«, so wird in einer eindringlichen Studie zur ›Literatur ausländischer Autoren in der Bundesrepublik Deutschland‹ gefragt, »als ›Gastarbeiter‹-, Migranten- oder Gast-Autor ein italienischer oder deutscher Autor? Kann er als ›Gastarbeiter‹-, Migranten- oder Gast-Autor in Deutschland gleichzeitig ein italienischer Autor sein? Und umgekehrt? Sollte man von Identitätslosigkeit oder von einer interessanten Doppelidentität sprechen?« Und Immacolata Amodeo, die Verfasserin, erinnert weiter daran, dass »Begriffe wie ›Gastarbeiter‹-, Migranten- oder Gast-Autor […] in der Regel eine aus- bzw. einschließende Tendenz« haben, dass sie »die Existenz zweier Kollektive« implizieren, »welche auf einer Binäropposition beruhen: die ›Gastarbeiter‹, Migranten, Gäste einerseits, die Nicht-›Gastarbeiter‹, Nicht-Migranten oder Gastgeber andererseits«, und dass »die Zugehörigkeit zum einen Kollektiv […] die Zugehörigkeit zum anderen Kollektiv« ausschließe; und letztlich zielten die »Bezeichnungen ›Gastarbeiter‹- oder Migranten-Autor […] auf ein Schreiben für und gegen ab. Der Autor wird zu einem Sprachrohr und zu einer Metonymie der berühmten 4,5 Millionen«, zu einem Sprecher der ausländischen Minderheit.[29] Chiellinos Schreiben verweigert sich dagegen einer sozialen Rubrizierung der ›Fremden‹, um stattdessen den irritierenden Prozess der Fremdheit zu inszenieren und bewusst zu machen. Die »Entscheidung« ist gefallen; aus einer Entwurfszeichnung – *Sinopia* im

poetologischer Lesart, wie sie hier skizzenhaft angedeutet wird, ist bestätigt mit seiner Monografie *Die Reise hält an. Ausländische Künstler in der Bundesrepublik* (München: C.H. Beck 1988); hier geht es eben, mit dem Zitat aus dem Gedicht *Integration*, um die künstlerische Arbeit und die ›Ankunft‹ der Künstler im ›fremden‹ Land.

27 Zur sog. ›Letteratura Gast‹ vgl. Chiellino: Literatur der italienischen Minderheit. In: Chiellino, Interkulturelle Literatur in Deutschland (wie Anm. 1), S. 63–83, hier S. 64ff.

28 Immacolata Amodeo: ›Die Heimat heißt Babylon‹. Zur Literatur ausländischer Autoren in der Bundesrepublik Deutschland. Opladen: Westdeutscher Verlag 1996, S. 188.

29 Ebd., S. 83f. Vgl. auch die Fragen zu den Abgrenzungskategorien, die Rita Franceschini zur Einleitung ihrer Studie *Die Konstruktion von Fremdheit: Umkehrfiguren* zusammengestellt hat (in: Lüderssen u. Sanna [Hgg.], Letteratura de-centrata [wie Anm. 2], S. 44–59, hier S. 44ff.).

Gedicht dieses Titels[30] – formt sich, im Fortgang des Gedichts, allmählich ein »Bild«; und Chiellino hatte damit ein ›programmatisches‹ Gedicht im Sinn »gegen verschiedene Versuche der ehemaligen Bundesrepublik Deutschland, die Einwanderung zu steuern«: Es prognostiziert und vollzieht die Aufhebung des sozialen Prozesses im ›Bild‹ der Literatur – und zugleich in einem Fresko des (schönen?) Lebens.

Meine Fremde (S. 41) – sie »ist ein Ort / […] / sie heißt Deutschland«. Aber die Fremde erstreckt sich auch in der Dimension der Zeit. Sie geht durch das lyrische ICH hindurch und wird so ›zur Geschichte‹, zu einer Lebens-Geschichte, die zum Wort kommen soll – als eine Geschichte der Fremdheit. ›Heimat‹ ergäbe sich dann aus Brüchen, liegt nicht im Anfang als ein Ort der Sehnsucht, der wiedergewonnen werden muss, sondern ist im Übergang in die Zukunft zu finden, als Resultat eines Lebens von biografischer Diskontinuität und Sprachwechseln in der ›Fremde‹, wie es das Gedicht *Heimat* aus dem Band *Sehnsucht nach Sprache* entwirft:[31]

Die Heimat
ist kein Stück Land
das
entwurzelt
hinter der Abfahrt
zurückbleibt.

Die Heimat
ist
ein Teil der Entscheidung
sie kommt mit.

In der Fremde
lebt sie mit mir zusammen
weiter.

Das Gedicht *E paroe* aus demselben Lyrikband ist dort Teil des dreisprachigen Zyklus *A terra c'è*, den Chiellino »Anfang der 80er« schrieb, um »herauszufinden, wie meine drei Sprachen sich untereinander […] austauschen«; dabei ging es ihm darum, »dass die Übergänge flüssig

30 Vgl. S. 80. Vgl. Chiellino, Ich in Dresden (wie Anm. 1), S. 34; die Erläuterung des titelgebenden Terminus aus der Freskomalerei ebd., S. 33 f.

31 Chiellino, Sehnsucht nach Sprache (wie Anm. 25), S. 34. Zur ›Kennmetapher‹ der ›Wurzeln‹ ergänzend vgl. nur den Abschnitt *Für eine Ökologie der Wurzel* in: Chiellino, Ich in Dresden (wie Anm. 1), S. 51 ff. Generell in der Literatur der Migration vgl. Kap. 4.5. *Metaphern für Konzepte*, in: Schmitz, Handbuch ›Literatur der Migration‹, Bd. II (wie Anm. 20).

klingen, und zwar als Wiedergabe des flüssigen, ja dialogischen Austausches unter den drei Sprachen«.[32] *E paroe* übersetzt Stationen, die sich in Chiellinos Biographie zeigen lassen, in Stadien der Sprache; es beginnt in Kalabresisch, geht ins Italienische und schließlich ins Deutsche über:

e paroe	Die Worte
eranu de nostre	gehörten uns
e cu ille a vita	und mit ihnen das Leben
poi la lingua	später ändert sich
si fece diversa	die Sprache
e la vita era	und das Leben war
quella degli altri	jenes der Anderen

zu einer Fremdsprache
wurde das Leben
in der Fremde gehört es
uns wieder

Im sprachlichen Perspektivenwechsel nimmt der Dichter die Fremdheit in der ›Heimat‹ wahr; denn seine ›Muttersprache‹, das Kalabresische, war aus der Sicht der italienischen Landessprache ja eine »Fremdsprache«, so dass nun erst die anscheinend ›fremde Sprache‹ seiner deutschsprachigen Poesie gleichsam zum Echo der eingebüßten ›Muttersprache‹ werden kann. Folgt man der ›Sehnsucht nach Sprache‹, der ja die Sammlung insgesamt ihren Titel verdankt, lassen sich die Gedichte ihrer Sprache nach auch so ordnen, »daß im Kalabresischen die Geschichte des Großvaters, im Italienischen die der Eltern und in der Fremdsprache die des lyrischen Ichs erzählt wird«; so bildet sich in dieser Folge auch eine Geschichte von Heimatverlust und Sprachfindung des ›lyrischen ICHs‹ in einem ab. *E paroe* hatte »eine Lebensgeschichte als Sprachgeschichte«[33] erzählt, in die letzte Zeile aber lakonisch die beiden Worte »uns wieder« gesetzt, das Pronomen der Gemeinschaft und das Adverb der Wiederkehr, die zwar eine Bewegung ins vertraute Andere, jedoch keine Rückkehr meinen; sie versprechen einen Gewinn an Leben »in der Fremde«. »Die Heimat kann auch Babylon heißen« – wie Immacolata Amodeo im Anklang an

32 Aus einem Brief an mich von Gino Chiellino vom 3. 3. 2018 – dort auch die unten mitgeteilte Übersetzung der ersten beiden Strophen; weiteres unten bei den Hinweisen zur Textgestalt. – Chiellino wählt hier den italienischen Titel; in den Poetik-Vorlesungen *Ich in Dresden* wird noch ein deutscher Titel des Zyklus' genannt: *Sehnsucht nach der Sprache*; vgl. Chiellino, Ich in Dresden (wie Anm. 1), S. 29 f. – Vgl. auch Scimonello, Chiellinos Lyrik (wie Anm. 19), S. 229.

33 Amodeo, Heimat Babylon (wie Anm. 28), S. 100.

den Titel eines Gedichtes von Gino Chiellino formuliert.[34] Sie liegt nicht in der Muttersprache, sondern in der Vielsprachigkeit, die Chiellino immer wieder zur »Darstellung interkultureller Vorgänge« nutzt.[35] Die ›Muttersprache‹ ist aufgehoben – bewahrt und entwickelt – in der Fremdsprache der Poesie.

Subversiv verhält sich diese Strategie gegenüber den Postulaten eines Nationalstaates und einer Nationalkultur. In seiner Kindheitsregion Kalabrien hatte Chiellino bereits, noch ohne dies begrifflich zu kategorisieren, eben das Postulatorische, die Mischung von Irrealität und Gewaltsamkeit, im Anspruch nationalkultureller Dominanz erfahren. Hier wurzelt demgemäß sein »Mißtrauen gegenüber Standardsprachen«,[36] die zudem auch die Medien der Fixierung durch die Schrift sind; für ihn spielte immer die »mündliche Sprache [...] die primäre Rolle«, war Sprache Sprechen.[37] Der Alltag, die Gegenwart des Lebens, wird so gegen die Abstraktion der großen Systeme – der Politik, Sprache, Kultur – verteidigt. Erinnerungszeichen bewahren das Gedächtnis dieses Alltags, die kleinen Dinge, die in der europäischen Literatur der Moderne seit Marcel Proust immer wieder Epiphanien der Erinnerung jenseits einer räumlichen Fixierung heraufbeschwören; *Die kleinen Dinge* stehen freilich bei Chiellino auch dem klaren, gedanklichen Zugriff stets zur Verfügung. Es geht also nicht darum, eine verschollene Erinnerung nachgerade andächtig wieder zur Erscheinung zu bringen, sondern es geht um einen »Abschied von der Vergangenheit«,[38] es geht stets auch um die Zukunft in der Zeitgestalt von Chiellinos Lyrik. Der Zyklus *Nach Cosenza, ohne Proust,* zuerst im Band *Sehnsucht nach Sprache* erschienen, ist eine poetische Kindheitsreise ohne Nostalgie. Chiellino will eine Erinnerung ›ohne Proust‹, will den Widerstand des Konkreten, der Armut, der eigenen ›kleinen Geschichte‹ gegen eine quasi-sakrale Epiphanie des Vergangenen bewahren. In seinem Essay *Nostalgia* hat er das Weberschiff der Mutter, dem er ein so eindringliches, auch in einer der Dresdner Poetikvorlesungen eigens vorgestelltes Gedicht gewidmet hat, abgebildet: *Rosa die Weberin,* die aus der Härte des Lebens Schönheit schafft – und damit eine Brücke in die ›Fremde‹ des Gedichtes ihres Sohnes schlägt.[39] Dieses »Grundmuster des sich Einwebens«

34 Vgl. Gino Chiellino: Knoten oder die Heimat heißt Babylon. In: Chiellino, Sehnsucht nach Sprache (wie Anm. 25), S. 42; Amodeo, Heimat Babylon (wie Anm. 28), S. 9.

35 Chiellino, Interkulturelle Literatur in Deutschland (wie Anm. 1), S. 78.

36 Chiellino, Gespräch mit Röhrig (wie Anm. 3), S. 69.

37 Ebd.

38 Baginski, Ungeweinte Tränen (wie Anm. 3), S. 180; ebd., S. 178 ff. auch zum Folgenden.

39 Chiellino, Liebe und Interkulturalität (wie Anm. 6), S. 135; Chiellino, Ich in Dresden (wie Anm. 1), S. 35 f. Außerdem unten, S. 167. – Weiter zu diesem Gedicht vgl. Baginski, Ungeweinte Tränen (wie Anm. 3), S. 181–185. Vgl. auch Lengl, Carmine Gino Chiellino (wie Anm. 1), S. 106. – Das Gedicht gibt auch einem Auswahlband von Gedichten Chiellinos den Titel: Weil Rosa die Weberin ...

habe – so Chiellino – »meine Art, deutschsprachige Gedichte zu verfassen, entscheidend mitgeprägt«;[40] »sich die Fremde nehmen«, so beginnt dieses Gedicht eines Dichters, der sich auch als »Weber« bezeichnet. Für ihn – so abermals Chiellino – bedeute dieses Motiv des Webens »den eigenen Alltag nicht aufgeben, [sondern] sich täglich einbringen«, indem man »Linien« in den Tag hinein webe.[41] So entsteht die Textur, das ›Gewebe‹ des Textes.[42]

Die verlorene Herkunftswelt wird nicht verklärt und nicht wieder heraufbeschworen; sie mag aber in einer neuen Gemeinschaft der Kommunikation rekonstruiert werden – im transitorischen Ambiente der Migration (S. 16):

> In der Anonymität der Bahnhöfe
> wo Warten für uns ein Zuhause ist
> sprechen wir mit jedem
> wie auf dem Platz eines Dorfes

Bereits in diesem Gedicht des ersten Lyrikbandes *Mein fremder Alltag* verliert der Ort – der ›Bahnhof‹, der für Topografie und Ikonografie der ›Gastarbeit‹ essentiell war – seine Statik, verwandelt sich das Transitorische und der Schein einer ›Ankunft‹ in ein ›Zuhause‹ und damit in den Schauplatz eines allseitigen Gesprächs, eines Prozesses, der offen für die Zukunft und zugleich ein Gedächtniszeichen der ›Heimat‹ ist – »wie auf dem Platz eines Dorfes«; die gängige Metapher vom ›globalen Dorf‹ gewinnt hier einen genauen Sinn: Es ist eben der Ort dieses Gesprächs. Nicht der Ort selbst, sondern erst die Entfaltung in der Zeit, seine Geschichte der Fremdheit, beheimatet den Menschen im Gespräch mit dem Anderen. Wer die Migranten als die Boten neuer Identitätskonzepte begreifen will, der wird sich auf Gino Chiellinos Gedicht berufen können.

Im dritten Lyrikband *Sich die Fremde nehmen* hat sich der Verzicht auf jede heimelige ›Ankunft‹ noch gefestigt, die Vergangenheit sich weiter entfernt; die Zukunft ist »greifbarer« geworden in neuen Formen der

Ausgewählte Gedichte 1977–1991. Dresden: Thelem 2005. – Vgl. noch die Evokation des dörflichen Lebens im Süden Italiens im Roman *Der Engelfotograf* (wie Anm. 3), bes. S. 25–31 über die Mutter des Ich-Erzählers.

40 Gino Chiellino: Ein Werdegang durch drei Sprachen. In: Ders.: Landschaft aus Menschen und Tagen. Gedichte. München: Hanser 2010, S. 69–72, hier S. 72.

41 Ders.: Der Dichter als Weber. In: Chiellino, Ich in Dresden (wie Anm. 1), S. 105–144, hier S. 121. Das Spiel der Bezüge lässt sich fortsetzen; der ›Alltag‹ muss gemäß dem Titel von Chiellinos erstem Gedichtband verstanden werden: *Mein fremder Alltag* aus dem Jahr 1984, erschienen acht Jahre vor dem Band *Sich die Fremde nehmen*. – Vgl. Lengl, Carmine Gino Chiellino (wie Anm. 1), S. 95 f.

42 Vgl. Erika Greber: Textile Texte. Poetologische Metaphorik und Literaturtheorie. Studien zur Tradition des Wortflechtens und der Kombinatorik. Köln u. a.: Böhlau 2002.

Mitteilung.[43] Der Autor hatte mittlerweile den Dialog mit dem Gedicht aufgenommen: *Ein Gedicht geht auf*, zieht sich zurück auf sich selbst, ›spielt‹ – wie es die Ästhetik seit Schiller als Zeichen der ›Freiheit‹ weiß: Es »wird mir / keine neue Welt schaffen«, gibt jedoch »den Dingen das Wort zurück / und stumm wird der Dichter«.[44] Gegen den anwachsenden Zwang bleibt nur das Wort, das in die Freiheit entlassen werden soll – auch aus der Verfügung seines Schöpfers, des Autors selbst. Das ›Spiel‹ des Gedichts, das die Welt nicht verändert, wird erschwert; aufgegeben darf es nicht werden, denn wie wäre sonst Zeugnis abzulegen von jener Freiheit, die den Menschen erst zum Menschen macht – oder, so die Hoffnung einer ästhetischen Erziehung wiederum seit der deutschen Klassik, zu machen verspricht. Im politischen und sozialen Leben ist Freiheit stets gefährdet, doch zu erfahren ist sie immer neu in der Sprache; sie ist eine Bewegung in der Sprache, sie ist kein Zustand.

So wurde der »fremde Alltag« – komplementär zum ›Verstummen‹ des Dichters, der seine Sprache an das Gedicht abgab – »schließlich zu einer sprechenden Fremde«;[45] in diese Vielstimmigkeit geht das Gedicht ein, und die *Fremde* verwandelt sich so auch in jenen wahren *Ort der Geschichte*, wie sie im Titel von einem der Essays Chiellinos bestimmt wird.[46] Nicht die Ordnungen des Raumes also, sondern die Geschichte und die alltägliche Lebenswelt bilden – im Medium der Sprache – die Koordinaten für die Identitätssuche des Autors Chiellino. Sie vollzieht sich stets in jener vielsinnigen Kippfigur, die wir – auch im Blick auf Chiellinos poetischen Gesprächspartner Bertolt Brecht – als dialektisch und ›verfremdend‹ bezeichnen dürfen. Der Schein trügt zwar nicht schlichtweg, aber verweist doch stets auf einen Sinn, der das Gegenteil meint. Die Heimat ist die Fremde, die Fremde wird zur Heimat – und so fallen Gegensätze in eins, jedoch nur in einem sprachlichen Prozess in der Geschichte ihrer Wort-Werdung. Damit gehört Chiellinos Schaffen durchaus zu jener Literatur, die – sich aus der Distanz zur Herkunft

43 Ulrike Reeg: Zwischen Italien und Deutschland. Die Vermittlung von ›Raum‹ und ›Zeit‹ in den neueren Werken italienischer Autorinnen und Autoren in Deutschland. In: Lüderssen u. Sanna (Hgg.), Letteratura de-centrata (wie Anm. 2), S. 27–43, hier S. 31.

44 Vgl. S. 63. – Dem ›Spiel‹ dieses poetologischen Gedichtes zwischen Sprache und Schweigen, ›Ding‹ und Mensch wäre genauer zu folgen; vgl. hier nur zur Tradition meine Studie: Zeug und Zeugnis. Zum semiotischen Wandel der Dingwelt seit 1800. In: AION. Sezione Germanica 25 (2015), H. 1–2, S. 63–103.

45 Amodeo, Bruch als Kontinuität (wie Anm. 28), S. 116.

46 Gino Chiellino: Die Fremde als Ort der Geschichte. In: Eine nicht nur deutsche Literatur. Zur Standortbestimmung der »Ausländerliteratur«. Hg. v. Irmgard Ackermann u. Harald Weinrich. München: Piper 1986, S. 13–15, dort auch S. 15: »Wobei die Fremde nicht mehr geographisch, sondern als Ort der Geschichte zu begreifen ist, wo Vergangenheit und Zukunft gleicher Maßen zu entwerfen sind.« Dazu die poetologische Diskussion bei Scimonello, Chiellinos Lyrik (wie Anm. 19), S. 225 ff.

definierend und die gewohnten Relationen der Dominanz der ›Mitte‹ über den ›Rand‹ dialektisch verkehrend – eben kein neues Zentrum setzen will: eine ›letteratura de-centrata‹,[47] wie Salvatore A. Sanna sie bezeichnet hat. Freilich verwandelt sich die Lebenswelt der Anderen, der Einheimischen deshalb noch längst nicht. Die ›letteratura de-centrata‹, die ›dezentrierte Literatur‹, kann nur Zeichen setzen, Zeichen einer Differenz, die erst künftig in Geschichte und Lebenswelt einzuholen sein wird.

Gerade der Dialog treibt die Differenz hervor. Mascha Kaléko in *Sprachencollage* nimmt das Gespräch über ein ›Heimweh‹, das keine ›Heimat‹ mehr zu nennen weiß, mit dem lyrischen Ich auf – Mascha Kaléko, die jüdisch-deutsche Dichterin, die 1933 ins Exil getrieben und deren Rückkehr nach 1945 mehr als erschwert wurde.[48] Raissa Orlowa, die Journalistin, Übersetzerin, Schriftstellerin und Literaturdozentin in Tallinn, die mit ihrem zweiten Ehemann Lev Kopelev 1981 ins Exil nach Deutschland gehen musste, führt das Gespräch weiter. Und man bleibt am transitorischen Ort. – Es sind nicht nur die Brüche in jedem Lebenslauf, auf die sich die Gedichte Chiellinos immer wieder – autobiografisch, autofiktional – beziehen. Es sind auch die Brüche vor allem jener Geschichte, in die dieses Ich eingewandert ist, die Geschichte der Deutschen, die ja im 20. Jahrhundert von Gewalt nach außen und gegen die Bürger des eigenen Landes gezeichnet ist. Alle, die plötzlich als abweichend und fremd markiert wurden, werden in die Emigration – in die Fremde – getrieben oder ermordet. Chiellino hat vor diesem Erbe, das mit zum Gedächtnis der deutschen Sprache, die er als Sprache seiner Dichtung wählte, gehört, nie die Augen verschlossen. Er sucht wie wenige den Dialog mit denen, die ihr Leben vor der Shoah retten konnten und ›am Rande der Sprache‹ eine Antwort literarisch geben wollen: *Verstummung (für Paul Celan)* heißt schon ein frühes Gedicht.[49]

Auch späterhin, in wenigen, aber äußerst verdichteten Versen für Rose Ausländer stellt sich das lyrische ICH ganz ohne Pathos und ganz ohne die fast schon gängigen Schreckensvokabeln dem Grauen, dem ›Zivilisationsbruch‹ der Shoah. Mit der überlebenden jüdischen Autorin, die nach der Shoah wieder ihre Gedichte in deutscher Sprache schreibt, weiß

47 Friedrich Wolfzettel: Einführung. In: Lüderssen u. Sanna (Hgg.), Letteratura de-centrata (wie Anm. 2), S. 13–26, hier S. 13. Vgl. die Einführung Chiellinos zu seiner Auswahl von Gedichten Salvatore A. Sannas in: Als Dichter in Deutschland. Scrivere poesia in Germania. Hg. v. dems. Dresden: Thelem 2011, S. 174 u. 176.

48 Vgl. dazu jetzt Julia Meyer: »Zwei Seelen wohnen, ach, in mir zur Miete« – Inszenierungen von Autorschaft im Werk Mascha Kalékos. Dresden: Thelem 2018.

49 Vgl. S. 19. – Der Abschnitt *Gespräche* findet sich in dem Band *Sehnsucht nach Sprache* (wie Anm. 25) und dort das zweite Gedicht: *Hautfrei (für José, der sich immer noch bei Celan heimisch fühlt)* (S. 7). Die Widmung gilt Chiellinos Freund und Arbeitskollegen José Vera-Morales aus Lima.

sich der Dichter Chiellino verbunden; auf ihre Sprachentscheidung hat er sich berufen – und damit auf die Tradition eines ›anderen Sprechens‹, das sich im Deutschen der ›Sprache der Mörder‹ entgegensetzt.[50] Es ist jene ›letteratura de-centrata‹ in Deutschland, die dem Trauma der deutschen Geschichte nicht ausweicht, wohl aber von ihrem dezentrierten Ort her eine neue Sprache gewinnt (S. 73):

> Es ist an der Zeit
> sich die Fremde zu nehmen
> Nimm
> den Apfel an
> und
> verteile
> das Wort

Die Zeilen, die auf die Urszene des biblischen Sündenfalls anspielen und sie als eine Szene der Emanzipation und Befreiung neu deuten, nehmen so das Gespräch mit Rose Ausländers poetologischem Paradiesmythos auf, jenem Aufbruch ins Universum der Zeichen, in dem die Dichterin in ihren letzten Lebensjahren das Wort und den Menschen aus dem Schuldzusammenhang der Geschichte heraushob, ohne diesen dunklen Grund zu leugnen:[51] Im Dialog dieser beiden Gedichte von Gino Chiellino und Rose Ausländer wird auch die Gefährdung des Migranten, des Wanderers, wird das Ungesicherte des Aufbruchs als Bedingung seiner Freiheit offenbar:[52]

> Vergiß
> Deine Grenzen
> Wandre aus
> Das Niemandsland
> Unendlich
> nimmt dich auf

Mit der Reminiszenz des ›Niemandslandes‹ an seinen Gedichtband *Die Niemandsrose* wird Paul Celan in ein Gespräch mit dem Gedicht *für Rose*

50 Carmine Chiellino: Einleitung: Eine Literatur des Konsenses und der Autonomie – Für eine Topographie der Stimmen. In: Chiellino, Interkulturelle Literatur in Deutschland (wie Anm. 1), S. 51–62, hier S. 51.

51 Vgl. meine Studie: »Wenn du liebst« – Zur Poetologie der späten Gedichte Rose Ausländers. In: »Hinauf und Zurück / in die herzhelle Zukunft«. Deutsch-jüdische Literatur im 20. Jahrhundert. Hg. v. Michael Braun u. a. Bonn: Bouvier 2000, S. 403–426.

52 Rose Ausländer: Unendlich. In: Dies.: Hinter allen Worten. Gedichte. [=] Werke, Bd. 10. Frankfurt a. Main: Fischer Taschenbuchverlag 1992, S. 125.

Ausländer aufgenommen, mit ihr aus Czernowitz gebürtig, mit ihr der Shoah entkommen. Und dieses ›Niemandsland‹ ist aber nicht nur ein Bereich, der den Flüchtling freundlich in ein Gespräch aufnimmt, es ist nicht nur ein ›freies‹ Land, das niemandem gehört, sondern zugleich ist es eine Zone der Ungesichertheit: Wer sich dort aufhält, ist als Fremdling ausgesetzt der Willkür von allen Seiten.

Chiellinos Gedichte suchen Autonomie, aber sie lösen sich nicht von der Wirklichkeit, in der sie entstehen. Das ICH freilich ist mehr als ein soziales Wesen, so sehr diese sozialen Rollen die frühe Lyrik des Zuwanderers Chiellino geprägt hatten. Doch in den großen sozialen und politischen Prozessen lebt jeder sein eigenes Leben, vollzieht sich das Leben am eigenen Ich, und so sprechen auch die Gedichte Chiellinos eindringlich von diesem Leben eines Ich, und sie beziehen die Natur in dieses ›Gespräch‹, das erst die ›Wirklichkeit‹ des Gedichtes schafft, mit ein; sie ist kein Idyll, keine reine Zuflucht, sie ist verstrickt in die soziale Welt – und doch zu deren Verzerrungen ein Gegenbild.

In einem Naturgedicht aus den *Canti per M*, das er in seinen Poetikvorlesungen *Ich in Dresden* vorstellt, glaubt Chiellino »meine interkulturelle Authentizität erreicht zu haben«, auch – und vielleicht: gerade weil – das Gedicht »ein wenig zornig« ist.[53] Es trägt den Titel *Canto 48*, aber der gesamte Abschnitt ist unter die Überschrift gestellt, die unserer Sammlung den Titel gibt: *Die Sehnsucht der Seerose nach der Libelle*. Die ersten drei Zeilen entwerfen eine Erfahrung, die, – so Chiellino – etwas besonders Kostbares bedeutet, einzigartig für den, *der* sie gemacht hat. Es ist die Erfahrung der Liebe, nicht nur der Gemeinschaft im Gespräch und der Erkenntnis, sondern der erotischen Vereinigung zugleich. Am Rand – »am Ufer / dieses Teiches, der unser Leben ist« – ist die Erfüllung des Lebens verwirklicht im idyllischen Bild einer Naturszenerie. Dieses Idyll wird heftig gestört mit einer Wendung auch des Vokabulars ins Grobe – ›Arschgesichter‹ –, mit dem Einbruch des leeren Geredes, des Schnatterns. In seinem Kommentar meint Chiellino vereindeutigend, so sei es ihm »manchmal gegangen, vor allem, wenn Fachleute sich über das Leben in der Fremde unterhalten und in Talkshows ihr Bestes von sich geben.«[54] In der Bewegung der dritten Strophe wird das Paar – ein Ich, ein Du oder zwei Ich in einer vereinten Getrenntheit – sich abkehren von der groben Störung, sich wiederfinden im ›Gespräch‹ – im Zeichen der Schönheit der beweglichen Libelle wie auch der ruhenden Schönheit der Seerose: In einer zarten Personifikation werden Seerose und Libelle zusammengeführt, finden sich in der Sehnsucht, die auf Vereinigung

53 Chiellino, Ich in Dresden (wie Anm. 1), S. 95.
54 Ebd., S. 96.

hoffen darf: »Die Seerose gehört zum Wasser, sie ist die Schönheit des Wassers an sich. Im Gedicht ist es nicht mehr die Libelle, die Schwerelose, die Sehnsucht nach der Seerose hat, sondern es ist die Seerose, die angewurzelte, die Sehnsucht nach der Libelle hat.« Die Grenzen zwischen den Naturreichen werden hinfällig. Grenzüberschreitung lässt sich ahnen, die Pflanzen, die Tiere geben den betrachtenden Menschen ein Bild des Lebens, des möglichen Wandels – in einer Schönheit, wie sie dieses Gedicht verwirklicht.[55]

Als Repräsentant einer Literatur der Migration – und als Gesprächsgegenstand in Talkshows – war Chiellino förmlich installiert, als ihm im Jahr 1987 der Adalbert-von-Chamisso-Preis verliehen wurde. Die Robert Bosch Stiftung hatte diesen Preis gestiftet und ihm den Namen des Autors der Erzählung von Peter Schlemihl gegeben, jenes Mannes, der seinen Schatten verkauft hatte und durch die Welt gewandert war. Chamisso, der Autor, freilich hatte, so schreibt er in seinem Vorspruch, seinen Schatten stets bewahrt, obschon er als französischer Refugee nicht nur das Land, sondern auch die Sprache gewechselt und in der neuen, der deutschen Sprache sein literarisches und wissenschaftliches Werk geschaffen hatte. Im Gedicht kommt Chiellino noch einmal auf jene Erzählung zurück, deren Autor er durch den Chamisso-Preis nun einmal verbunden war: *Peter Schlemihl.*[56] Die alsbald so genannte ›Chamisso-Literatur‹ hat ihre Qualität eben darin, dass sie sich, so jedenfalls die Lesart Chiellinos, von dieser Etikettierung befreit. Denn Peter Schlemihl habe zwar seinen Schatten und damit, wie es eine gängige Lesart will, seine kulturell verbürgte Identität verkauft, doch tatsächlich, so Chiellinos Korrektur, hatte er sich einen Ersatzschatten zugelegt, das Kunstwerk eines ›Meisters‹, des ›besten seiner Zunft‹, so dass Schlemihl nicht nur den Gewinn vom Verkauf seines Schattens davontrug, sondern auch einen gleichwertigen Schatten für sich behielt. Er hatte sich – listig und umsichtig – ›die Fremde genommen‹, so wie es Chiellino in seinem lyrischen Werk so vielfach variiert hat.

Der doppelte Blick des lyrischen ICH, die ambivalenten Bezüge der lyrischen Sprache – sie prägen sich immer neu aus, gehen aber nie verloren. Linear kann die Entwicklung dieses lyrischen Œuvres daher nicht verlaufen; denn in die Sprache der Offenheit, der Vielstimmigkeit

55 Chiellinos essayistische Folgerung sollte nicht als Festlegung der Bedeutung, sondern als Dialogangebot gelesen werden. Sein Kommentar lautet: »Glück im Leben hat, wer sich entscheiden kann oder darf. Wer darauf angewiesen ist, ausgewählt zu sein, ist vom Leben hart bestraft. Wer sich nicht vom Fleck bewegen kann, sich nicht bewegen darf, wird in seinem Leben an der Sehnsucht der Seerose nach der Libelle leiden. Die interkulturelle Authentizität der Metapher ergibt sich aus der Erkenntnis, daß, wer aus Bewegung besteht, sich in dem nachempfinden muß, dem Bewegung aus existentiellen Gründen, wie der Wurzel z. B., untersagt ist.« (Ebd., S. 97.)

56 Zum Motiv ›Schatten‹ in Chiellinos Lyrik als Rückverweis auf *Peter Schlemihls wundersame Geschichte* vgl. Lengl, Carmine Gino Chiellino (wie Anm. 1), S. 97.

und der Vielsinnigkeit dringen immer Störungen der ›Rede der Anderen‹ auch gewaltsam ein. In den 1980er Jahren beginnen die Gedichte sich wiederum zur Wehr zu setzen gegen den äußeren Angriff auf ihre Prämissen – jene öffentlichen Bestrebungen, die Zuwanderung und die Einwanderung nicht anzuerkennen oder gar radikal abzuwehren und jegliche dialogische Ankunft in der Fremde zu sabotieren.

Hatte Chiellino in den 1980er Jahren noch den ›demokratischen Berufen‹ eine Serie von Gedichten gewidmet (S. 56–60), so zieht nun die *Nacht der Republik* herauf (S. 85):

> Wenn das Schweigen
> gegen uns sich weiß färbt
> me spagnu
> ja ich deutsche mich sehr

So lautet die Schlussstrophe. Die beiden letzten Zeilen bilden einen mehrsprachlichen Parallelismus. »Me spagnu« ist eine Redewendung aus dem Kalabrischen und bedeutet »ich habe Angst, Furcht«.[57] Wenn so »das Schweigen gegenüber den Minderheiten und der Ausländerliteratur […] bedrückend wird« – »›sich weiß färbt‹« –, wenn nach den mörderischen Anschlägen gegen Ausländer wie Anfang der 1990er Jahre öffentlich »die Ängste der Opfer und der ausländischen Wohnbevölkerung« kaum wahrgenommen werden,[58] dann entsteht bei den Betroffenen Angst in der ›Nacht der Republik‹: auch dies wieder ein ironischer Doppelsinn, denn im öffentlichen Diskurs sollen ja eben die Ängste gegenüber diesen Fremden die zunehmend bedrohliche Haltung der ›schweigenden Mehrheit‹ rechtfertigen. – Erneut wird auch die Urszene einer Vielsprachigkeit, die Zwiespalt und das Ende der Gemeinschaft unter den Menschen bedeutete, heraufbeschworen. Immer wieder vernichtet Gott den ›Turm‹, lässt die babylonische Verwirrung neu entstehen, und dies mag noch eine Gnade sein, ein Geschenk der Fremde;[59] die »Heimat heißt Babylon« war ja seinerzeit ein Versprechen, das punktuell auch in politisches Handeln umgesetzt wurde. Der ›geteilte Himmel‹ der Deutschen indessen, wie es in dem Gedicht mit einem Zitat des berühmten Romantitels von Christa Wolf heißt, geht ja bereits schwanger mit der ›Nacht der Republik‹ – In der Neujahrsnacht, am 31. 12. 1989, in der beginnenden Wende, gilt es wie-

57 Vgl. Scimonello, Chiellinos Lyrik (wie Anm. 19), S. 231. Ebd. das folgende Zitat.
58 Chiellino, Ich in Dresden (wie Anm. 1), S. 76; dort S. 75ff. zu diesem Gedicht mit seinem Sprachwechsel.
59 Vgl. Scimonello, Chiellinos Lyrik (wie Anm. 19), S. 231.

derum ›Inventur‹ zu halten, so wie es seinerzeit Günter Eich in seinem berühmten Gedicht *Inventur* nach dem Zweiten Weltkrieg getan hatte; doch während bei Günter Eich aus der Sprache der Alltagsdinge sich eine karge Literatur erzeugt, lassen sich bei dieser neuen Inventur nur die Zeichen des Hasses selbst an den Alltagsdingen entziffern.[60]

Die ›Lyrik nach Solingen‹,[61] also die vom Schrecken geprägte Wahrnehmung der Kontinuität gewalttätiger Feindschaft gegen die Fremden, deutet sich hier schon an. Auch wenn sich das ›Ausländerproblem‹ vor allem in ein Türkenproblem verwandelt hatte[62] und die Ansiedlung der Italiener nach den Aggressionen der 1970er Jahre allmählich akzeptiert schien, bleibt Chiellino diese Lüge in Praxis und Diskurs der gruppenbezogenen ›Menschenfeindschaft‹ doch wohl bewusst, und er weiß sich solidarisch mit den Opfern dieser neuen Welle von Gewalt im wiederbegründeten Nationalstaat der Deutschen.

Freiheit ist eine Bewegung in der Sprache, sie ist kein Zustand. Der Prozess der Poesie als Bedingung der Freiheit unterwirft den Dichter zugleich aber dem Gesetz der Zeit, der Geschichte, der Vergänglichkeit. Diese Paradoxie schöpfen die – seit den 1990er Jahren in Teilen veröffentlichten, schließlich in die *Landschaft aus Menschen und Tagen* eingegangenen – *Canti per M* aus,[63] die »in immer neuen Ansätzen die schmerzvolle Synthese von Heimat und Fremde im Zeichen des Todes« – ›Morte‹ – »herzustellen« versuchen;[64] Chiellino beschreibt in seinem Vorwort, wie dadurch »aus ihm [dem lyrischen ICH] ein zeitgenössischer Orfeus [wird], der Trost aus der Erinnerung schöpft, um mit der neugewonnenen Lebensgefährtin zu wagen, was in einem Leben nicht zu vollbringen ist: der Schwester Morte aus der eigenen Kindheit als Bruder Tod zu begegnen«. Dagegen steht jedoch die anagrammatische Buchstabenlesart, die ›M‹ als Zentrum des sprachlichen Inventars umspielt; so antwortet dem »mythisch-orphische[n] Anspruch« immer wie-

60 *Inventur am 31. 12. 1989* (S. 84). Vgl. dazu Günter Eich: Inventur. In: Ders.: Abgelegene Gehöfte. Frankfurt a. Main: Karl Rössing 1948, S. 38 f.

61 Zur Lyrik ›nach Solingen‹ vgl. Karin Yeşilada: Poesie post Solingen: Literarisches Gedächtnis in der türkisch-deutschen Lyrik. In: Kosmopolitische ›Germanophonie‹. Postnationale Perspektiven in der deutschsprachigen Gegenwartsliteratur. Hg. v. Christine Meyer. Würzburg: Königshausen & Neumann 2012, S. 369–396. Zur gruppenbezogenen Menschenfeindlichkeit vgl. die Berichte in der von Wilhelm Heitmeyer herausgegebenen Serie *Deutsche Zustände* (Frankfurt a. Main: Suhrkamp 2002–2011).

62 So benannte es ironisch der Titel eines von Chiellino mitherausgegebenen Bandes des PoLi-Kunst-Jahrbuchs 1983: *Ein Gastarbeiter ist ein Türke* (Augsburg: PoLi-Kunst 1983).

63 Vgl. S. 90–106. Vgl. Lengl, Carmine Gino Chiellino (wie Anm. 1), S. 106. Zuletzt in Chiellino, Landschaft aus Menschen und Tagen (wie Anm. 40), S. 7–32.

64 Klaus Dieter Post: *Der Gang der Wasserspinne:* Zur Lyrik Gino Chiellinos. In: Exil. Transhistorische und transnationale Perspektiven. Hg. v. Helmut Koopmann u. dems. Paderborn: Mentis Verlag 2001, S. 283–314, hier S. 308.

der »die sprachspielerische, ironisch-satirische Relativierung«.[65] – »Erst in der Fremde / begegne ich meiner Geschichte«.[66] Die Gegenwart nimmt die Erinnerung auf, schließt den Bogen: So antwortet das Gedicht *Die leeren Zimmer* einem früheren: *Die neuen Denkmäler meines Landes*. Das waren damals die Zeichen der Emigration, des Weggangs so vieler: »Häuser / alte, neue zur Hälfte gebaut / alle leer / haften für die Identität / ihrer vertriebenen Eigentümer«.[67] Die Auswanderung als Vertreibung musste in einem langen Leben bewältigt werden. Schließlich bleibt der Rückblick auf die ›kalten‹ Zimmer (vgl. S. 118) und die Hoffnung auf eine neue Begegnung. – Wie jede Geschichte eines Menschen nähert sich auch die des lyrischen ICH der letzten Fremde, dem Tod. Noch einmal tritt in der Welt von Gino Chiellinos Lyrik ›Rosa die Weberin‹ auf:[68]

> Die Tücher von Rosa, der Weberin,
> und die Kleider aus meinem Leben habe ich
> mit dem Schrank zusammen im Hof verbrannt,
> ihre Asche in den Fluß geschüttet
> und zugeschaut, wie sie die Schatten der
> schwarzen Erlen ins Licht hin verläßt.
> Hefte und Bücher aus meiner Jugend habe ich
> im Schatten der hohen Birke vergraben.
> Wie in jedem Frühjahr werden sie
> Blätter tragen, die ich nicht lesen werde.
>
> Nur ein Leintuch halte ich für mich zurück.

Vom Gewebe der Texte bleibt zuletzt nur das Leintuch, in das der Tote gehüllt werden wird.

Doch wird die Natur auch dann die *Gespräche* weiterführen, wenn der Dichter längst und für immer verstummt sein wird: »Unerwartet wie bei meiner Ankunft / werde ich eines Tages wieder fort sein« (S. 109). Doch wenn die Natur auch in ihrem Leben den Menschen nicht vermisst, so hinterlässt das Ich doch »einen Birnbaum, / der mit dem Weinstock

65 Ebd., S. 311.

66 Vgl. S. 48. – Chiellino, Sehnsucht nach Sprache (wie Anm. 25), S. 57.

67 Chiellino, Mein fremder Alltag (wie Anm. 9), S. 23; vgl. hier abermals Baginski, Ungeweinte Tränen (wie Anm. 3), S. 188 f. – Will man diesen Motivkreis des ›Zu-Hause-Seins‹ weiter abschreiten, so ist auf den Abschnitt *Ein wohltemperiertes Haus für ein interkulturelles Gedächtnis* mit dem Gedicht *Das wohltemperierte Haus* zu verweisen; in: Chiellino, Ich in Dresden (wie Anm. 1), S. 47–50.

68 Gino Chiellino: Ein Leintuch. In: Ders., Landschaft aus Menschen und Tagen (wie Anm. 40), S. 64. Dazu die Schlusszeilen des früheren Gedichtes *Rosa die Weberin*: »[…] / aus der Stille ihrer Schmerzen / wuchsen die Leichentücher für meine Fremde« (S. 81). – Vgl. Baginski, Ungeweinte Tränen (wie Anm. 3), S. 191.

Gespräche führt«, Gespräche über den, der einst ein »Bauernsohn aus Calabria« war und »sie zusammengeführt hat: / den Birnbaum aus Friedberg / und den Weinstock aus dem Silagebirge«.[69] Die Natur, in der die Pflanzen die geografischen Grenzen überwinden, fällt in eins mit dem Raum des Gedichtes, das dieses Gespräch der Natur in sich aufnimmt und zum Wort bringt.

In mehr als vier Jahrzehnten ist Gino Chiellinos lyrisches Werk entstanden, dessen Geschichte in der vorliegenden Sammlung zum ersten Mal zu überblicken ist. Gemeinsam ist den Gedichten eine elementare Bewegung, die ich – in einer ebenso notwendigen wie der lyrischen Sprache letztlich unangemessenen Abstraktion – die Suche nach Beziehung nennen möchte. Ein ICH erkundet die Beziehung zu sich selbst in der Zeit, Vergangenheit, Gegenwart und Zukunft; so entsteht eine Geschichte. Ein ICH erkundet die Beziehung zum Du, versichert sich der Herkunft im Gedenken an die Mutter, sucht die Möglichkeit der Liebe. Ein ICH erkundet die Beziehung zu den Anderen, den Partnern eines Gesprächs und denen, die das Gespräch ablehnen und es verhindern wollen; so findet das ICH sich verstrickt in die Geschichte aller. Und das ICH nimmt das Gespräch der Natur wahr, ohne daran teilnehmen zu können; denn stets geht der Suche und Erkundung eine Erfahrung der Grenze, der Abgrenzung und möglichen Ausschließung, der Fremdheit voraus. Und während sonst jede Grenze die Chance zu ihrer Überwindung, zu einer Beziehung in Sprache birgt, so mündet zuletzt das eine Leben ins Verstummen; jetzt bleibt nur die Erinnerung Anderer, die Beziehung ihres Gespräches zum Anteil des ICH. Geborgen in sicherer Heimat konnte dieses ICH niemals sein; doch in der Fremde und in der fremden Sprache sind die Spuren dessen verborgen, was künftig einmal ›Heimat‹ sein könnte. Sich wandelnd, haben die Gedichte Chiellinos in ihrer Vielfalt das eine gemein: dass sie sich ›die Fremde nehmen‹, denn ihre ›Fremde‹ ist der Lebens-Raum der Freiheit und des Spiels. Sie ist, wie sich den Leserinnen und Lesern dieser Gedichte wohl zeigen mag, der Raum der Dichtung selbst.

69 S. 109. – Das Sila-Gebirge, das nahe seinem Geburtsort Carlopoli liegt.

GEDICHTBÄNDE VON GINO CHIELLINO

Mein fremder Alltag. Gedichte. Kiel: Neuer Malik Verlag 1984.

Sehnsucht nach Sprache. Gedichte. Kiel: Neuer Malik Verlag 1987.

Sich die Fremde nehmen. Gedichte. Kiel: Neuer Malik Verlag 1992.

Weil Rosa die Weberin. Ausgewählte Gedichte 1977–1991. Dresden: Thelem 2005.

Landschaft aus Menschen und Tagen. Gedichte. München: Hanser 2010.

Eine ausführliche Bibliographie findet sich im Handbuch: ›Literatur der Migration in den deutschsprachigen Ländern seit 1945‹. Bd. III: Autorinnen und Autoren und ihre Werke. Teilband 1 (hg. v. Walter Schmitz. Dresden: Thelem 2018), im von Walter Schmitz verfassten Autorenartikel zu Gino Chiellino.

HINWEISE ZUR TEXTGESTALT

Für diesen Band mit Gedichten Gino Chiellinos aus mehr als drei Jahrzehnten hat der Autor die Auswahl selbst getroffen. Die chronologische Ordnung des Bandes orientiert sich zugleich an der Abfolge der jeweiligen Lyriksammlungen Chiellinos. In die Textgestalt der Gedichte in der vorliegenden Sammlung hat Chiellino nur selten eingegriffen. Diese gelegentlichen Änderungen wurden bei den folgenden Nachweisen knapp vermerkt, soweit sie Rhythmus und Sinn des Gedichtes verändern. Den Leserinnen und Lesern wird ein solcher Blick in die ›Werkstatt des Autors‹ willkommen sein. Insbesondere finden sich über unsere einzelnen Hinweise hinaus in jenen früheren Drucken oft leichte, jedoch nicht sinnverändernde grammatische Abweichungen, zumeist die Groß- und Kleinschreibung am Strophenanfang betreffend. Diese wurden im Folgenden nicht verzeichnet; auf *Änderungen im Zeilenumbruch* wurde, sofern sie nicht die Strophentrennung betreffen, nur pauschal hingewiesen. – Die Hinweise zur Textgestalt beziehen sich auf die Ausgaben, wie sie in der Bibliographie aufgeführt sind; dort finden sich die Gedichte auf den Seiten, die unten nach dem Gedichttitel angegeben sind. Die deutschen Fassungen ursprünglich kalabresischer und italienischer Texte wurden uns freundlich von Gino Chiellino zur Verfügung gestellt.

MEIN FREMDER ALLTAG (1984)

S. 15 *Es Liebe*, S. 12

V. 5 *Strophentrennung erst nach diesem Vers.*

S. 16 *Bahnhof*, S. 14f.

Umfassende Änderungen im Zeilenumbruch.

S. 17 *Gastarbeiteridentität*, S. 22

V. 3f. werden / sich treu] werden wollen / doch sich selbst treu

S. 18 *1932 Foto (Kind mit Frau, in der Stadt)*, S. 34

Titel (Kind mit Frau, in der Stadt)] (Kind mit Frau)

V. 1f. Kind / ins] Kind / ein bißchen dick / ins
V. 3 mit fragenden Augen] mit tief- / skeptischen Augen
V. 4 seiner Maschine verschwindet] seinem Apparat verschwindet
V. 5 zum Vater / lassen] zum Vater, / durch die Kamera hindurch / lassen
V. 6 sich Spuren des Unbehagens / für] sich Vorwurfsspuren / für

S. 19 *Verstummung. für Paul Celan*, S. 36

Widmung für Paul Celan] für Celan

S. 21 *In der Nähe*, S. 52

Im Band Mein fremder Alltag *ist dieses Gedicht das erste im vierteiligen Zyklus:* Intermezzo. Raum für ein Leben.

Änderungen im Zeilenumbruch.

V. 9f. nach Liebe / bei dem] nach Liebe / unausgesprochen / bei dem

S. 22 *Ein Grund dennoch*, S. 58

V. 2f. für…haben] für Leute die keine Zeit / zum Lesen haben
V. 3 *Strophentrennung nach diesem Vers.*

S. 23 *Für dich*, S. 60

Änderungen im Zeilenumbruch.

S. 24 *Gestohlene Arbeit*, S. 64

Änderungen im Zeilenumbruch. Ab Strophe zwei z.T. starke Abweichung gegenüber dem früheren Druck, dort dichtere Beschreibung von Aufnahme, Aufenthalt und Rückkehr.

S. 27 *Die Farbe Deutsch*

Nicht in MEIN FREMDER ALLTAG *enthalten. Früherer Druck in: Gino Chiellino: In Sprachen leben. Meine Ankunft in der deutschen Sprache. Dresden: Thelem 2003, S. 10.*

V. 1 Weil die] Da die

S. 28 *Ghetto*, S. 75

Für »Ghetto« *wird im früheren Druck die Schreibweise* »Getto« *genutzt.*

Änderungen im Zeilenumbruch.

V. 5 *Eingerückt.*
V. 6 *Strophentrennung nach diesem Vers.*

S. 29 *Der nächste Morgen*, S. 77

Änderungen im Zeilenumbruch, leichte Änderungen im Wortlaut.

V. 4 dem gemeinsamen Kampf] dem notwendigen Kampf
V. 5 Freunde ausscheiden] Freunde schmerzhaft / ausscheiden

S. 30 *Entfremdet*, S. 80

Nachsatz fehlt hier: »(Die Entfremdung ist ein Zustand der Sehnsucht ohne Wünsche.)«

S. 31 *Integration – ein Gedanke in sieben Thesen. These Nr. 2 – Zur Lage der Stille*, S. 85

Titel Integration – ein] Integration, ein;
Nr. 2 – Zur] Nr. 2 / Zur;
Widmung in Klammern.

Änderungen im Zeilenumbruch.

Sehnsucht nach Sprache (1987)

S. 36 *Sprachencollage*, S. 11

Im Band Sehnsucht nach Sprache *findet sich dieses Gedicht, zusammen mit den Gedichten* Hautfrei *und* Orange zu sehen *im zehnteiligen Zyklus:* Gespräche.

V. 4 flüstert mir Mascha] flüstert uns Mascha
V. 15 durch offene Türen] durch alle offenen Türen

S. 38 *Mit welchen Bildern zu dir sprechen*, S. 26

Im Band Sehnsucht nach Sprache *ist dieses Gedicht das siebte im zehnteiligen Zyklus:* Nach Cosenza, ohne Proust.

Änderungen im Zeilenumbruch.

V. 6–11 *Eingerückt.*

S. 41 *Meine Fremde*, S. 33

Im Band Sehnsucht nach Sprache *findet sich dieses Gedicht, zusammen mit den Gedichten* Für Altun, Das wohltemperierte Haus *und* Im Land meiner Kinder *im zehnteiligen Zyklus:* Ortsbestimmung.
Änderungen im Zeilenumbruch.

V. 6f. Geschichte…Erzählungen] Geschichte / [*eingerückte Zeile:*] an einem Ort, wo Erzählungen
V. 11 *Eingerückt.*

S. 42 *Für Altun*, S. 37

Titel Für] für

Änderungen im Zeilenumbruch.

V. 9f. bevor…verwandeln?] bevor er von den Wurzeln / karger Blumen in fruchtbare / Erde verwandelt wird?

S. 43 *Das wohltemperierte Haus*, S. 38

Änderungen im Zeilenumbruch.

V. 11 mit buntem Sockel] mit dem kinderhohen / farbigen Sockel
V. 13 die Fliegen ein] die Mücken ein
V. 21f. der Fremde: / es darf] der Fremde / und darf

S. 44 *In dem Land meiner Kinder*, S. 41

Änderungen im Zeilenumbruch der letzten Strophe.

S. 46–54 *Sehnsucht nach Sprache*, S. 55–63

Der Zyklus von acht kalabresisch-italienisch-deutschen Gedichten findet sich bereits im Band, der denselben Titel trägt: Sehnsucht nach Sprache. *Die im Folgenden mitgeteilten Übersetzungen wurden von Gino Chiellino zur Verfügung gestellt.*

S. 47 *I. a terra c'è*, S. 56

Deutschsprachige Fassung:

I. Das Land liegt brach

Das Land liegt brach
uns wird es verweigert
Eine Agrarreform für den Süden
den Toten Särge aus Brettern
Eine Fahrkarte für alle

Zwischen 1944 und 1949 besetzten Bauern aus Cutro, Isola und Melissa in Calabria braches Land gegen die Großgrundbesitzer. Am 29. Oktober 1949 schoss die Polizei drei Bauern nieder, und es gab etliche Verletzte. – Die Schlusszeile Eine Fahrkarte für alle *spielt auf die Auswanderungspolitik des Ministerpräsidenten Alcide De Gasperi und seiner Regierung an. In den fünfziger Jahren wurden Abkommen mit Belgien, Frankreich und der Schweiz ausgehandelt, um die Auswanderung aus dem Aostatal, Veneto (Venetien), Friaul und Süditalien zu forcieren.*

S. 48 *II. I briganti,* S. 57

Deutschsprachige Fassung:

II. Die Briganten

Die Briganten
kamen und gingen aus dem Ort
nachts waren sie die Herrscher
und wir spielten mit ihnen
    Garibaldi habe ich kennengelernt
    als er angeschossen am Aspromonte
    sich nach Soveria zurückzog
    nachdem er die Bänke sämtlicher Schulen
    Italiens als Held durchlaufen hatte
[…]

S. 49 *III. Culle vacche allu mariu,* S. 58

V. 2 ntra jamara] ntr'a jumara

Deutschsprachige Fassung:

III. Mit den Kühen am Wiederkäuen

Mit den Kühen am Wiederkäuen
mitten im Bach
eine schwarze Schlange
bei dem Weißdorn
ich zwischen Königskerzen und Ginster
am Bachufer

Das Studentenwohnheim
365 Zimmer 4x3 qm
Rom in via C. de Lollis
und die Universität immer
auf der anderen Seite

[…]
immer wieder mit Wegen und Bächen

S. 50 *IV. e paroe*, S. 59

Deutschsprachige Fassung:

IV. Die Worte

Die Worte
gehörten uns
und mit ihnen das Leben
später ändert sich
die Sprache
und das Leben war
jenes der Anderen

[…]

S. 51 *V. sinagli ticini e jinostre*, S. 60

Deutschprachige Fassung:

V. Königskerzen Schwarzerlen und Ginster

Königskerzen Schwarzerlen und Ginster
Disteln Farn und Brombeersträucher
Asphodelen Schilf und Gestrüpp

Rosen Azaleen und Hecke
Glyzinen Oleander und Gärten
Platanen Eichen und Parks

[…]

S. 52 *VI. Quandu ni se scusianu e scarpe*, S. 61

Änderung im Zeilenumbruch.

Deutschsprachige Fassung:

VI. Lösten sich uns die Schuhe

Lösten sich uns die Schuhe
haut Vater Nägel rein
und das Haar schnitt uns
er selbst
der schwarze Anzug
aus warmer Wolle
im Kieferschrank aufbewahrt
ist das Werk eines Schneiders
für Proletarier aus dem Viertel S. Lorenzo
bezahlt mit drei Tausenden Lire pro Monat

[…]

S. 53 *VII. uan tu tri for faif*, S. 62

Deutschprachige Fassung:

VII. Uan tu tri for faif

Uan tu tri for faif
six seven eit nain
ten eleven tuelf

Nach drei Amerikas Jahren
kam Großvater zurück
mit zwölf Zahlen
in drei Kriegsjahren
um nachts nicht erschossen zu werden
lernte er Zigarren
mit Feuer im Mund zu rauchen
[…]
Er starb mit 84 Jahren
[…]

S. 54 *VIII. alla stima de robbe*, S. 63

Deutschsprachige Fassung:

VIII. Bei der Zurschaustellung deiner Aussteuer

Bei der Zurschaustellung deiner Aussteuer
breitest du Leinentücher aus
mit Blumen gestickt und
mit deinen Sechzehn Jahren
auf der Gemeinde mit deinem Vater
in der Kirche per procura vermählt
zwischen Halblächeln und dann

[…]

S. 56–60 *Berufe der Demokratie*, S. 65–69

Im Band SEHNSUCHT NACH SPRACHE *bilden die vier Gedichte* Der Stadtmacher, Der Gottfänger, Der Wortbeschützer *und* Der Aufzugfahrer *den Zyklus:* Berufe der Demokratie *und sind gegenüber dem früheren Druck zum Teil stark gekürzt. Bei allen sind die ersten Verse bzw. Strophen gestrichen und Änderungen im Wortlaut und Zeilenumbruch zu finden.*

S. 63 *Ein Gedicht geht auf*, S. 72

V. 1 *Fehlt im früheren Druck.*

S. 64 *Ohne Vater*, S. 77

Änderungen im Zeilenumbruch.

V. 6 gehorchte meiner] gehorchte / stets meiner
V. 9ff. Einsichten…ohne] Einsichten / stehen meinem Schnurrbart / nicht, ohne

Sich die Fremde nehmen (1992)

S. 68–73 *Besuch trifft ein,* S. 7–14

Im Band Sich die Fremde nehmen *finden sich diese Gedichte im siebenteiligen Zyklus:* Besuch trifft ein. *Die früheren Drucke sind ohne Nummerierung und – bis auf* Augsbürgerung, April 1989 *– ohne Titel. Beim Gedicht* Vor dem Einwurf *wurde der Zeilenumbruch leicht geändert.*

S. 74–81 *Sich die Fremde nehmen,* S. 17–28

Im Band Sich die Fremde nehmen *finden sich diese Gedichte im elfteiligen Zyklus:* Sich die Fremde nehmen. *Die früheren Drucke sind ohne Titel.*

S. 75 *Sich die Fremde nehmen. für Rose Ausländer,* S. 18

V. 7 *Strophentrennung nach* »sich die Fremde nehmen«
V. 8 keine…ist] nicht mehr die Blume der Toten ist

S. 77 *Sie denkt mich,* S. 21

V. 2 *Strophentrennung nach diesem Vers.*
V. 5 *Strophentrennung nach diesem Vers.*

S. 78 *Die Begleiterin der Stimme,* S. 22

Änderungen im Zeilenumbruch.

S. 81 Rosa die Weberin, S. 28

Änderungen im Zeilenumbruch.

S. 82–84 *Die Geschichte hat keine Vergangenheit,* S. 31–47

Im Band Sich die Fremde nehmen *finden sich die vier Teile des Gedichts* Die Geschichte hat keine Vergangenheit *und die Gedichte* Tat der Unschuld *und* Mit einem Satz nach vorne *im 16-teiligen Zyklus:* Die Geschichte hat keine Vergangenheit. *Die früheren Drucke sind ohne Nummerierung und Titel.*

S. 84 *Mit einem Satz nach vorne,* S. 45

V. 3f. Sonne / er war] Sonne / war

S. 85f. *Die Nacht der Republik,* S. 49–66

Im Band Sich die Fremde nehmen *finden sich die* fünf *Teile dieses Gedichts ohne Nummerierung im 17-teiligen Zyklus:* Die Nacht der Republik. *Im früheren Druck sind sie in der Abfolge:* I, II, V, IV, III *angeordnet.*

V. 4 *Strophentrennung nach diesem Vers.*

S. 87 *Vorläufige Kurzschlüsse,* S. 69–79

Im Band Sich die Fremde nehmen *finden sich die drei Teile dieses Gedichts ohne Nummerierung im zehnteiligen Zyklus:* 10 Vorläufige Kurzschlüsse.

V. 4 *Strophentrennung nach diesem Vers.*
V. 5 das Warten verlernen?] das Warten / verlernen
V. 13 *Strophentrennung nach diesem Vers.*

Landschaft aus Menschen und Tagen (2010)

S. 91 *Landschaft und Gedächtnis,* S. 7

V. 4 Blick ruhen / und] Blick rasten / und

S. 92 *Abschied,* S. 8

Titel Abschied] Abschied von Calabria
V. 2 *Trennung in zwei Strophen nach diesem Vers.*
V. 5 Hügeln entlang, / falle] Hügeln vorbei, / falle

S. 96 *Ischtar,* S. 16f.

Änderung im Zeilenumbruch.

S. 97 *An die Geliebte*, S. 18ff.

Änderungen im Zeilenumbruch.

V. 19 *Strophentrennung nach diesem Vers.*

S. 98 *Im Juni*, S. 21

V. 3 *Strophentrennung nach diesem Vers.*
V. 5 *Strophentrennung nach diesem Vers.*

S. 103 *Cinia*, S. 27f.

Titel Cinia] Cinia im heutigen Calabria

Im früheren Druck ergänzt um die Fußnote: »Cinia steht für die großgriechische Göttin Hera Lacinia, der die Tempelanlage bei Kroton im 5. Jh. v. C. geweiht wurde.«

Änderung im Zeilenumbruch.

S. 110 *Gelb*, S. 38

Titel Gelb] Gelb wie Telefonzellen, Briefkasten und Raps

S. 111 *An einem Morgen im September*, S. 39

V. 10 pünktlich…nie] pünktlich, und doch kam ich nie

S. 114 Vermächtnis, S. 42

Änderung im Zeilenumbruch.

S. 118 *Ein Bewohner fremder Zimmer*, S. 49

Änderung im Zeilenumbruch.

S. 125 *Unser Leben*, S. 60

Im früheren Druck fehlen die letzten zwei Verse.

S. 126 *Wenn der Tag das Leben durchströmt*

Nicht in Landschaft aus Menschen und Tagen *enthalten. Früherer Druck in:* Als Dichter in Deutschland. Scrivere poesia in Germania. Hg. v. Gino Chiellino. Dresden: Thelem 2011, *S. 75.*

Änderungen im Zeilenumbruch.

V. 14 und Gewürze, / und] und Gewürzen / und
V. 17 täglich näher: / Farbe] täglich zu: / Farbe

S. 129 *Die Götter*

Nicht in Landschaft aus Menschen und Tagen *enthalten. Früherer Druck in:* Als Dichter in Deutschland. Scrivere poesia in Germania. Hg. v. Gino Chiellino. Dresden: Thelem 2011, S. 68.

Titel Götter] Götter aus meiner Kindheit

Änderungen im Zeilenumbruch.

V. 3 Magensäfte heraus: es] Magensäfte heraus / es

S. 130 *Schatten um Schatten*

Nicht in Landschaft aus Menschen und Tagen *enthalten. Unveröffentlicht.*

Lauter Ungereimtheiten

Die Gedichte des Abschnitts: Lauter Ungereimtheiten. 2010–2013. entstammen der bisher unveröffentlichten Sammlung: Lauter Ungereimtheiten – Gedichte für interkulturelle Leser ab 13.